岩波文庫
33-684-2

反啓蒙思想
他二篇

バーリン著
松本礼二編

Edited by Henry Hardy

岩波書店

THE COUNTER-ENLIGHTENMENT
by Isaiah Berlin
edited by Henry Hardy

This Japanese edition published 2021
by Iwanami Shoten, Publishers, Tokyo
by arrangement with Curtis Brown Group, Limited, London
through Tuttle-Mori Agency, Inc., Tokyo.

For more information about Isaiah Berlin visit
https://isaiah-berlin.wolfson.ox.ac.uk/
https://berlin.wolf.ox.ac.uk/

凡例

一、本書は、『バーリン選集』全四巻（福田歓一・河合秀和編、岩波書店、一九八三―一九九二年）から、啓蒙思想批判に関わる三つの論文を選んで一冊としたものである。

二、第一論文「反啓蒙思想（反啓蒙主義を改題）」は『選集』第三巻、第二論文「ジョセフ・ド・メストルとファシズムの起源（ファッシズムをファシズムと変更）」は同第四巻、第三論文「ジョルジュ・ソレル」は同第一巻に収録されたものである。

三、英語原典は第一、第三論文が Isaiah Berlin, *Against the Current: Essays in the History of Ideas*, ed. Henry Hardy, introduction by Roger Hausheer (London: Hogarth Press, 1979)、第二論文が Isaiah Berlin, *The Crooked Timber of Humanity: Chapters in the History of Ideas* (London: John Murray, 1990) に収録されている。ただし、両著とも二〇一三年にプリンストン大学出版部から第二版（*Against the Current*, the Second Editon, with a foreword by Mark Lilla, Princeton University Press, 2013; *The Crooked Timber of Humanity*, the Second Edition, with a foreword by John Banville, Princeton University Press, 2013）が出ている。本訳書は『選集』の元の訳文を生かしつつ、英語版第二版に基

づいて全面的に補訂したものである。

四、ただし、英語第二版における改訂は編者ヘンリー・ハーディーによるもので、バーリンが指示していない出典を明らかにするなど、書誌情報が大半である。読者の理解に有益な注は取り入れたが、日本語に翻訳する意味のないもの(バーリンが英語で引いている引用の原語(ドイツ語、フランス語)の注記、あるいはその逆)は省いた。ハーディーによる補訂で書誌情報を超える注記には[　]を付して著者バーリンのものでないことを示した。

五、英語第二版では、第二論文におけるド・メストルからの長い引用のフランス語原文を示している二つの注(22)(24)を補遺(Appendix)として独立させているが、注(22)は本文の英訳で省かれている部分をフランス語原文から訳して補った『選集』の訳文のままとした(ただし、バーリンの英訳の間違いはフランス語原文に従って訂正した)。注(24)については、本文で全文を訳出しているため、フランス語原文を示す意味はないので省いた。

六、訳注は〔　〕で括って、本文中に挿入した。

七、フランス語人名の表記はフランス語慣用に従ったので、バーリンの表記と異なる場合がある(例、メストルでなく、ド・メストル、オルバックでなく、ドルバック)。

八、注に掲げられている文献のうち邦訳があるものについてはその書誌情報を加えたが、訳文は必ずしも邦訳によらずに独自に訳出している。

目次

凡例
反啓蒙思想……………………（三辺博之訳）… 7
ジョセフ・ド・メストルとファシズムの起源………（松本礼二訳）… 59
ジョルジュ・ソレル……………………（田中治男訳）… 203
解説……………………（松本礼二）… 289
索引

反啓蒙思想

三辺博之訳

一

フランス啓蒙およびフランス以外のヨーロッパ諸国におけるその同盟者や弟子たちの中心思想に対する反対は、啓蒙の思想運動そのものと同じように古い。理性は自律しており、知識を得る確実で唯一信頼できる方法は観察にもとづく自然諸科学の方法であり、したがって、啓示や聖典とその公認の解釈者たち、また伝統や慣習など、あらゆる形の非合理的で超越的な知識の源泉の権威は、これを斥《しりぞ》けるという宣言に対して、多くの宗派の教会と宗教思想家たちは当然のことながら反対した。だが、彼らと啓蒙の哲学者との間に共通の基盤がなかったことが主な理由となって、そうした反論が大きく展開することはそれほどなかった。ただ、教会と国家の権威にとって危険とみなされた思想の広がりに対する抑圧措置を増幅しただけであった。より手強かったのは古典古代に遡る相対主義と懐疑主義の伝統の方だった。フランスの進歩的思想家たち相互の意見の違いはどうあれ、彼らの中心的教義は自然法の古い教義に根ざす次のような信念にあった。すなわち、人間の本性はいつでもどこでも根本的には同一で、地域的歴史的変異は人間を動植物や鉱物と同じように一つの種として定義し得る不変の核心に比べれば重要でなく、人間には人間としての普遍的な目的があるという信念であり、また、証明可能、検証可能な一連の法則と概念の論理的結合からなる一つの認識体系を構築し得るという信念である。そうした認識体系は、無知と精神的怠惰、憶測と迷信、偏見やドグマや幻想、そしてなによりも、人類史の支配者たちが擁護し人間の過誤と悪徳と不幸をもたらしてきた大きな原因である「利害関係に引きずられる誤謬」(1)、これらのものの混乱した集積にとって代わるだろうと彼らは信じたのである。

さらに、無機的自然の領域においてあれほどの勝利をおさめたニュートン物理学と同じような方法を適用すれば、これまでほとんど進歩のなかった倫理や政治や人間関係一般の分野でも同じような成功がえられ、ひとたびこれが果たされれば、その結果、非合理的で抑圧的な法制度や経済政策は一掃され、代わって、理性の支配によって人々を政治的および道徳的不正から救い出し、知恵と幸福と徳の道につかせることができるであろうと信じられた。これに対して、ギリシャのソフィストたち、プロタゴラスやアンチフォンやクリティアスにさかのぼる教義が主張された。それは、価値判断をともなう信念や、そうした信念にもとづく制度は、客観的で不変の自然の事実の発見ではなく、人間の意見にもとづくものであり、人間の意見は変わり易く、社会により時代によって異なると主張する教義であった。それはまた、道徳的価値や政治的価値、とくに司法制度や社会制度一般は、たえず変わる人間の慣習にもとづくと主張した。これを要約して言えば、ギリシャでもペルシャでも同じく火は燃えても、人間の諸制度は目の前で変わるという、アリストテレスの引用するソフィストの宣言になる。したがって、科学的方法によって確立される普遍的真理、すなわち、誰もが、何処でも、何時でも、正しい方法を使用すれば論証できる真理などというものは、人間にかかわる事柄においては、原理的に確立されないように思われた。

以上の伝統は、コルネリウス・アグリッパやモンテーニュやシャロンのような一六世紀の懐疑主義者の著作の中で、再び強く主張された。そして彼らの影響は、エリザベス朝やジェームズ一世の時代の思想家や詩人の意見の中にも認められる。こうした懐疑主義は、偉大なプロテスタントの改革者やその弟子たち、あるいはカトリック教会のジャンセニストのように、自然科学や他の普遍的で合理的な公式の主張を否認し、純粋な信仰における救済を鼓吹する人々に大いに役立つことになった。論理的に演繹された結論からなるひとつの統一的体系があり、それは普遍的に妥当な思想原理によって到達され、精査された観察や実験データで基礎づけられるという合理主義的信念は、さらに、ボダンからモンテスキューにいたる社会学的な精神をもつ思想家たちによってもゆさぶられた。これらの作家たちは、歴史と、新しく発見された土地であるアジアおよび南北両アメリカについての新しい旅行記や探検記の両方を証拠として使いながら、人間の慣習の多様性、とくに異なる自然的要素とりわけ地理的な要素が、人間社会の異なった発展に影響し、これが制度や見解の違いにまでいたり、逆にそのことが信念や行動のうえで大きな違いを生みだすと強調した。このことは、デヴィッド・ヒュームの革命的学説、とくに、事実の真理と、論理学ないし数学の真理のようなア・プリオリな真理との間には、論理的なつながりはありえないと彼が証明したことによって、さらにいっそう強力なものとなった。これは、デカルトやその弟子たちの影響をうけて、あらゆる分野を包括し、あらゆる疑問に答えられるただひとつの知識体系が確立可能であり、それは、普遍的に妥当な公理にもとづいてなされる一貫した論理的証明によって可能であり、そうした公理は、体験的なたぐいのいかなる経験によっても反駁や修正の対象にはなりえないものだと考えていた人々の希望を弱め、あるいはくじくことになった。

にもかかわらず、人間の価値判断や、歴史を含む社会的事実の解釈が相対的であるという考え方がどれほど深くこの種の社会思想家たちの思考の中に入りこんでいたとしても、彼らもやはり、あらゆる時代におけるあらゆる人間の窮極的目的は、要するに同一であるという確信の共通部分を保持していた。あらゆる人間は、基本となる物理的必要や生物的欲求の充足を求める。例えば食物とか住いとか安全とかを求める。平和や幸福や正義や、自然的能力の調和のとれた発育や、真理も求める。あるいはもう少し漠然としているが、徳や道徳的完成、古代ローマ人のいわゆるフマニタス(*humanitas*)を求める。求める手段の方は、気候の寒暖により、山岳地か平地かで違うかもしれず、無理やりつじつまを合わせるのでなければ、あらゆる場合に適用できる普遍的な処方箋はありえない。それでもやはり、窮極目的は基本的には同じだというのである。ヴォルテールやダランベールやコンドルセのような有力な思想家たちは、技術と科学の進歩がそうした目的を達成するための最も強力な手段であり、真理と理性的自律を求める人間の営為と努力をそこない、くじく無知や迷信や妄想や圧制や野蛮にたいする最も鋭い武器であると信じた。ルソーとマブリーは反対に、文明制度自身が人間の堕落と自然からの疎外の主要な原因だと信じた。そのために人は単純で純粋な心情から離れ、自然的正義と社会的平等、そして自発的な人間感情に基づく生き方から疎外されたというのである。人為的な人間が自然的な人間を牢獄に押しこめ、奴隷として破滅させてしまったと考えたのである。しかしながら、見かけの上ではいちじるしい違いがあるにもかかわらず、基本的な点にかんしては幅広い合意の領域がそこにはあった。すなわち、自然法(すでにこれはカトリックないしプロテスタントの正統理論において語られる自然法ではない）の実在、それに従うことによってのみ人間は賢く幸福で有徳で自由になれる永遠の原理が存在するという確信がそれである。一連の普遍的で恒久の法則が、有神論者、理神論者、無神論者いずれの世界をも支配し、楽観主義者、悲観主義者、禁欲主義者、素朴主義者、進歩と科学・文化の豊かな果実を信奉する人、これらの人々の世界をも支配する。これらの法則は、有機あるいは無機の自然を、事実と出来事を、手段と目的を、私的生活と公的生活を、すべての社会と時代と文明を支配する。これらの法則から逸脱すれば、必ず人間は犯罪と悪徳と困窮におちいる。思想家によって、これらの法則が何であるのか、どうして発見できるのか、また誰がそれを説明する資格があるのか、といったことについて意見が違ったかもしれない。しかし、これらの法則が実在し、確実であるのかそれとも蓋然的でしかないかは別として、それを知ることができるということ、これは啓蒙全体の中心的教義として維持されていた。まさにこの点にたいする攻撃が、啓蒙の支配的な信仰体系にたいする最も恐るべき反動となったのである。

二

もし、彼の祖国以外で誰かがその著作を読んでいたなら、この反対運動に決定的な役割を演じたであろうと思われる思想家は、ナポリの哲学者、ジャンバチスタ・ヴィーコであった。とりわけその生涯の最後の労作である『新科学(*Scienza nuova*)』の中で、ヴィーコは極めて独創的に、デカルト主義者は科学の中の科学としての数学の役割について大きな誤りを犯している、と主張した。数学は、人間の思考の産物であるという、ただそれだけの理由で確実なのであって、デカルト主義者が考えるように、現実の客観的構造をそのまま現わすものではない。それはあくまで方法であって、真理の体系ではない。数学の助けをかりて、われわれは規則正しい現象(外界における現象の生起)を図に表わすことができるが、何故そのような現象がおきるのか、その目的が何であるのかは分からない。それは神のみが知る。事物を作る者だけが、事物の実態や作られた目的を正しく知ることができるからである。この意味で、われわれは外界(自然)を知りえない。それはわれわれが作ったものではないからである。それを造った神だけが、そのありのままを知り給うのである。しかし、人間は、自分自身のものである動機や目的や希望や恐れについては、直接よく知っているのであるから、自然を知ることができなくても、人間にかかわる事柄については知ることができる。

ヴィーコによれば、集団としての、あるいは個人としてのわれわれの生活や行為は、われわれの生存しようとする試み、欲求をみたし、互いを理解し合い、自分の生まれでた過去を理解しようとする試みの表現である。人間の最も本質的な活動を功利主義的に解釈するのは、誤解のもとである。人間の活動は、一番最初は純粋に感情表現的なものである。歌い、踊り、祈り、話し、闘うこと、そしてこれらの活動の具現である制度は、ひとつの世界像をあらわしている。言語、宗教儀式、神話、掟、社会制度、宗教制度、司法制度、これらは自己表現の諸形態であり、自分が何であり、何を目指しているかを伝えようとする意志の表現形態なのである。それらは理解可能な型にしたがっており、だからこそ、他の社会の生活を再現することが可能となる。たとえ、時代や場所が遠くへだたる、まったく原始的な社会であっても、そこでの人間の観念や感情や行動のいかなる枠組が、それらの自然の表現である詩や遺跡や神話を生みだしえたかを問うことによって、それは可能となる。人は個人としても社会の一員としても成長する。ホメロスの詩を作詩した人々の世界は、神が聖典を通して語りかけたヘブライ人の世界や、ローマ共和政の世界、あるいは中世キリスト教の世界、ブルボン家支配下のナポリの世界とは、明らかにいちじるしく違う世界であった。だが、それぞれの成長の型は、その由来をたずねることができる。

神話とは、啓蒙思想家が考えたように、間違った現実描写で、合理的批判によってあとで是正されてしまうようなものではないし、詩にしても、日常の散文でも同じようにうまく表現されるはずのものの単なる潤色にすぎないというわけではない。古代の神話と詩はひとつの世界像を表現しており、その世界像はギリシャ哲学やローマ法、あるいはわれわれ文明時代の詩と文化の世界像と同じように真実なのである。時代が古く、未成熟で、われわれから遠くへだたってはいるが、『イリアード』や『十二表法』から聞こえてくるように、それは固有の声をもち、後世のより洗練された文化では再生できない荘厳さを有している。それぞれの文化は、それ自身の全体としての経験を表現しており、人類の発展のそれぞれの段階は、同じように真実である固有の、それにふさわしい表現手段をもっている。

ヴィーコの文化発展循環説は有名となったが、彼の社会ないし歴史理解にたいするもっとも独創的な貢献はこの点にあるのではない。彼の革命的着想は、超時間的な自然法理論――その真理は、原則として、誰もが何時でも何処でも知りうる――を否定したことにある。ヴィーコは、アリストテレス以来今日までずっと西欧思想の伝統の核心であったこの理論を敢然として否定した。彼は、さまざまな文化が先立つ文化や後の文化との関係で、互いにどんなに似かよっていても、それぞれ固有の性格をもつという考えや、一定の発展段階における人間社会の活動や表象のすべてに単一の型が浸透しているという考えを熱心に説いた。このことによって、彼は、比較文化人類学と、比較歴史言語学、美学、法学の基礎を同時に築いた。言語や儀式や遺跡、とくに神話は、後代の学者や批評家が集合意識の変容形態と考えたものを理解するための唯一の手がかりであった。こうした歴史主義は、真理や美や善にはただひとつの基準しかなく、ある文化ないし個人は、他のものよりもいっそうこの基準に近く、そして思想家の仕事とはこの基準を明らかにすることであり、活動家の仕事はそれを実現することだとする考えとは、明らかに両立しない。ホメロスの詩は無比の傑作であったが、粗野で男性的で寡頭制的な「英雄」社会だけがこれを生みだしえたのであり、後の文明は、他の点でいかに優れていても、ホメロスに優る芸術を生むことはなかったし、できもしなかった。この理論は、超時間的な真理という概念と間断なき進歩――ときたまは野蛮へ逆行して中断されるが――という概念に強い一撃を与え、どちらかといえば変化がなくて、「外から」観察できる物理的自然を対象とする自然科学と、ある種の感情移入的洞察によって、「内から」社会発展を観察し、そのためにテキストや資料を科学的批判によって確定する必要はあるが、それが十分条件だとはいえない人文的研究との間に鋭い一線を画した。

ヴィーコの著作は、他の多くの事柄を取り扱っていて、あまり体系的ではないが、啓蒙の歴史における彼の重要性は、次の点にある。すなわち、文化の多元性を主張したこと、そしてその結果、ひとつの、ただひとつの現実の構造が存在し、賢明な哲学者はそれを正確に認識することができ、論理的に完全な言葉で記述することが(少なくとも原則的には)できるとする考え――これは、プラトンからライプニッツ、コンディヤック、ラッセルおよび彼のもっと忠実な弟子たちにいたる思想家たちに、ずっと取りついていた幻想である――は間違っていると主張したこと、これである。ヴィーコによれば、人は自分を取りまく世界にさまざまな問いかけをし、その問いかけに応じてそれぞれの答えが作られる。こうした問いや、それを表わす象徴や行為は、文化発展の過程で変わったり、すたれたりする。それらの答えを理解するには、ひとつの時代なり文化なりに固有の問いを理解しなければならない。それらの問いは、一定でもなければ、それらがわれわれにあまりなじみのない他のものよりも、われわれ自身のものに似かよっているからといって、必ずしもより深いとは限らない。ヴィーコの相対主義は、モンテスキューのそれ以上である。もし、ヴィーコのこうした考え方が正しければ、それは、絶対的真理とか、それにもとづく完全な社会とかいう概念を、単に実際上だけでなく、まさに原理的にくつがえすものであった。しかしながら、ヴィーコの著作はほとんど読まれたことはなく、『新科学』が書かれて一世紀後に、ミシュレがそれを復活させた時までの間に、どの程度影響力があったのかという問題は、今のところ定かではない。

かりに、ヴィーコが当時の啓蒙思想が依拠していた支柱をゆさぶろうとしたとするなら、それを叩きこわそうとしたのがケーニスベルクの神学者であり哲学者であった、J・G・ハーマンであった。ハーマンは敬虔主義者として育ったが、この敬虔主義というのは、全ルター派の中でも、最も内省的かつ自己陶酔的な一派で、神と個人の魂との直接交流を目指し、極めて非合理主義的で情緒過度に傾きやすく、厳格な道徳的戒律と厳しい自己訓練をひたすら求める一派であった。一八世紀中葉、フリードリヒ大王は、フランス文化の導入とともに、ある程度の経済的社会的合理化および軍事的合理化を、彼の支配領域の最も後進地帯であった東プロイセンに導入しようと試みたが、これは、この敬虔で半封建的、伝統的なプロテスタント社会(これはヘルダーとカントをも生んだ)の中に、とりわけ激しい反撥をひき起こした。ハーマンは、最初、啓蒙の子として出発したが、深刻な精神的危機をへた後、これに敵対するにいたった。そして、一連の論争的な攻撃文書を発表したが、それは極めて独特で徹頭徹尾あてこすりに満ち、ひねくれた調子でしかも意図的に曖昧な文体で書かれていた。その文体は、趣味と思想を支配する慇懃無礼なフランスの独裁者たちの、彼の嫌う優雅、明晰で人当たりの良い浅薄さからできる限り距離をとるためであった。ハーマンの主張は次の如き確信にもとづいていた。すなわち、すべての真理は特殊であって、決して普遍的ではなく、理性は何の存在も証明しえず、ただ現実にある何ものにも対応しない定型の中に事実を都合よく分類、整理する手段に過ぎず、そして理解とは人々や神との交信であるという確信である。彼にとっての世界とは、古いドイツの神秘主義的伝統にとってそうであったように、それ自身、一種の言葉である。事物や植物や動物はそれ自体象徴であり、神はそれによって被造物と交信するのである。すべてのものの基礎は信仰である。信仰は感覚と同じように、現実を知るための基本的な器官である。聖書を読むことは神の声を聞くことであり、神は人間に神の語りかけを理解させる力を与え給うたのである。ある者は、神のこのなされ方を理解し、世界を洞察する才に恵まれる。この世界は神の書物であり、聖書の啓示や教父や聖人に劣らずそうなのである。愛――人あるいは物にたいする――だけがものの真の本性をあきらかにしうる。公式や一般命題や規則や科学上の抽象概念など、厖大な概念と範疇の体系を愛することはできない。それらは、あまりに一般的で、現実とかけはなれた象徴にすぎない。フランスの啓蒙思想家たちは、そうしたもののために、具体的現実すなわち直接的な知識、とくに感覚による知識だけによって可能となる真の経験にたいして、自ら眼を閉ざしてしまったのである。

ハーマンは、ヒュームが、あらゆる知識や信念は、窮極的には直接知覚情報に接することに依存すると主張して、現実にいたるある先験的《ア・プリオリ》な通路が存在しているとする合理主義者の主張を見事に打ち破った事実を祝福する。もし卵や水が実在していると信じないなら、卵を食べたり、水を飲んだりはできないはずだというヒュームの考えは正しい。信念――ハーマンはむしろ信仰と呼びたがるが――という事実には根拠があり、味覚やその他の感覚同様、少しも証明を必要としない。正しい知識は、個物の直接的な知覚であるが、概念は、いかに明確であっても、個々の経験の十全さに匹敵できるものでは決してない。「個別なるものは、言葉ではいい表わせないほどのものです(2)」と、ゲーテはハーマン風の表現でラーヴァターに書き送っているが、彼はハーマンを深く賞讃していた。科学は実用的な事柄には有用かもしれない。しかし、概念をつなぎ合わせて人間や芸術作品を人に理解させることはできない。また、身振りや、言語的非言語的象徴によって伝えられるもの、あるいは、人間の品位や精神的本質、活動や文化を理解させることはできない。それに、もし聞く耳と見る眼さえあれば、あらゆる場所で人に語りかける、あの神秘的な事柄を理解させることもできない。真の存在とは、個別的である。すなわちその固有性によって、あるいはまた、他の物や事柄や思想との違いによって存在するのであり、それらとの共通性——一般化をめざす科学が示そうとするのはそれがすべてである——によって存在するのではない。「感情だけが抽象や仮説に手足や翼を与える」[3]とハーマンは言い、さらに、神は、感覚に訴える詩的な言葉でわれわれに話されるのであって、学者むきの抽象的な言葉で話されるのではない。だから、語るべきものをもち、他人にそれを語りかけようとする者もそうあらねばならない。

ハーマンは、外的世界にかんする理論や思弁には全然関心をもたなかった。彼の関心はもっぱら個人の内面生活に、したがって、芸術、宗教体験、感覚、個人的な事柄に向けられていた。それゆえ、科学的理性による分析的真理はそれらを無意味にしてしまうと彼は考えた。神は詩人であり、数学者ではない。だから、カントのような、「知識人特有の事実嫌い」[4]の病気にかかっている者こそまさに、際限なき言葉のからくりをわれわれにもたらし、その言葉は概念をあらわし、さらに悪いことに、その概念が真の事物をあらわすとするのである。科学者は体系を発明し、哲学者は人為的な模型に現実をあてはめ直してしまう。現実には眼を閉ざし、空中に楼閣をたてる。「事実が与えられているのに、何故、虚構を探し求めるのか。」[5] 体系はまさに精神の牢獄であり、知識の領域に歪みをもたらすばかりか、巨大な官僚機構の設立をもたらす。この設立は、生ける現実の豊かな多様性や、型にはまらない不均整な人間の内面生活を無視し、現実の世界を構成する精神と肉体との結合には無縁のイデオロギー的妄想によって、それらを画一におしこめてしまうあの規則によってなされる。「傲慢にも普遍的で不可謬、確実自明と主張して大いに称揚される理性とはいったい何だろうか。理性的なるもの《エンス・ラチオーニス》とは、非合理な迷信の遠吠えのおかげで、神にも似た属性を認められた身代わり人形でなくて何であろうか。(6)」具体的な真理を生みだすのは歴史だけであり、とりわけ詩人は、情熱と想像をかきたてる言葉で世界を描く。「人間の知識と幸福の全財宝は、イメージの中にある。(7)」感覚的で想像力に満ちた原始時代の人間の言葉が詩的で非合理的な理由はここにある。「詩は人類生まれつきの言語であり、庭いじりは農業よりも古く、絵は書くことよりも、口ずさむ歌は吟唱よりも、ことわざは合理的結論よりも、物々交換は売買よりも古い。(8)」独創性と天賦の才能や直接の表現、聖書あるいはシェークスピアのような人が世界の色と形、その生ける肉体をつくるのであって、分析的科学は骨格を示すだけで、こうしたことには手をつけることもできない。

ハーマンは、分析を用いることによって現実を歪める合理主義および科学主義を断罪する思想家の戦列の先頭にたつ。ヘルダー、ヤコービ、メーザー(これらの人々はシャフツベリの影響をうけた)、〔エドワード・〕ヤングおよびバークの反知性主義的攻撃がこれに続き、さらに、多くの国のロマン主義作家がこれらの人々に呼応するにいたる。その中で最も雄弁な代表者はシェリングであり、彼の思想は今世紀初頭、ベルグソンによって生々と再生された。シェリングは、反合理主義思想家の父であり、それらの思想家にとって、現実とは、分析されえない流れ、継ぎ目のない全体であって、数学や自然科学の静的で空間的な隠喩では説明できないものであった。解剖することは殺すことだというロマン主義の宣言は、ハーマンをもっとも情熱的で非妥協的な先駆者として一九世紀全体に及ぶ運動のモットーであった。科学的解剖は、人間性の冷酷で政治的な抹殺を導き、冷たいフランス的規則による拘束服をもたらす。知ることとあまりに多く、理解することとあまりに少なかった、プロイセンのソロモン王、フリードリヒ大王は、情熱的で詩的なドイツ人の生ける身体を、この拘束服にしばりつけたのである。大敵はヴォルテールであり、ヘルダーは彼のことを人間の感情を失って辛辣な機智を放つ「老いた子供」(9)と名付けた。

後に「疾風怒濤(*Sturm und Drang*)」と命名されるにいたったドイツのこの運動に与えたルソーの影響、とくに初期作品のそれには深いものがあった。ルソーが直接的な想像力や自然的感情を熱烈に希求し、人間が文明に強制されて、本来の真の目的や必要に反して人為的な社会的役割を演じざるをえなくなったと告発したこと、もっと素朴で自発的な人間社会を理想とし、自然な自己表現と社会的分業や因習のいびつな人為性とを対照させ、後者が人間から尊厳と自由を奪い、人間の序列の一方の極に特権や権力や恣意を、他方の極に屈辱的な追従を増大せしめ、かくしてあらゆる人間関係をゆがめてしまったと批判したこと、これらがハーマンやその弟子たちの胸を打った。

しかし、そのルソーですら、なお彼らには不十分のように思われた。ルソーもやはり、超時間的な一連の真理の存在を信じ、それは青銅に刻まれた文字よりもっと永続する文字で心に刻まれているのだから、すべての人間がこれを理解できるとし、この意味で、広漠として冷たく空虚な抽象にすぎない自然法の権威を容認したのであった。ハーマンやその弟子たちにとって、あらゆる規則や教訓は死せるものである。それらは、日常生活の行為には必要かもしれないが、それに従って偉大なことがなしとげられたことはかつてなかった。イギリスの批評家たちは、独創性は必ず規則を破ると考え、あらゆる創造的行為や明察は、専制的立法者の規則を無視することによって獲得されると考えた点で正しかった。規則とは純潔な処女だとハーマンは言明した。もし破られなければ、事は始まらないであろう。自然は野性的な想像を受け入れてくれる。だから、自然を「つまらぬ」ひからびた哲学者たちの狭い合理主義的範疇に閉じこめようとするのは、子供じみた考えにすぎない。自然は野生的な踊りである。(10) だから、いわゆる実務家とは、現実が見えないからこそ安全にうまく歩ける夢遊病者のようなものだ。もし現実の本当の姿を見たなら、彼らは発狂するかもしれない。

言語は、社会や民族の歴史生活の直接的表現である。「あらゆる王室、あらゆる学派、あらゆる職業、あらゆる団体、あらゆる宗派は、固有の言語をもつ。[11]」われわれは「恋人、知人、親友[12]」の「情熱」によってこうした言語の意味をとらえるのであり、規則という何も開けられない想像上の万能キーによって理解するのではない。フランスの哲学者《フィロゾーフ》たちや、そのイギリスの弟子たちは、人はただ快楽を求め、苦痛を避けるだけだと言うが、これは馬鹿げている。人は、生き、創り、愛し、憎み、食べ、飲み、信じ、犠牲になり、理解しようとする。そうせざるを得ないから、そうするのである。生命とは行動である。それが分かるのは、敬虔主義の偉大な創始者であるシュペーナー、フランケ、ベンゲルの教えのように、自分自身の内部を見つめ、「自己を知ろうという地獄堕ち[13](*Höllenfahrt*)」を敢行する人だけである。触れるものすべてから生命や個性を奪ってしまう、非人間的で科学的な思想による死の抱擁から自由になるまでは、人間は、自分のことも他人のことも、われわれがどうして、なぜ、現在のごとくになるにいたったかも、理解することはできない。

ハーマンは、不規則で断片的な着想によって語ったが、彼の弟子ヘルダーは、筋の通った体系をたてて、人間の本性と、その歴史における経験を説明しようとした。ヘルダーは、自然科学に深い関心をもち、その成果とりわけ生物学や生理学におけるそれを熱心に利用しようとし、狂信的なハーマンよりは、フランス人に譲歩するところが多かったが、彼の鼓吹に始まる思想運動の基調となった教義部分では、彼は、はっきりと、フランス啓蒙の社会学的前提にたいする反駁を目指していた。彼は、何かを理解することとは、それをその個性と発展において理解することであり、それには、彼の言う感情移入(*Einfühlung*)、すなわち、芸術的伝統、文学、社会組織、民族、文化、歴史のある時期の光景や個性的性格を、感情移入によって理解する能力が必要であると信じた。諸個人の行為を理解するには、その社会の「有機的」構造を理解しなければならず、それによってのみ、その社会の構成員の精神的特質や行為や習慣を理解することができる。ヴィーコと同じく、ヘルダーにとっても、宗教や芸術作品や民族性を理解するためには、その固有の生活条件に「参入」しなければならない。北海の荒波に翻弄された経験をもった者(ちょうどヘルダーが西への航海中経験したように)は、古代スカンジナヴィアの吟遊詩人の歌を完全に理解できるが、嵐を切り抜けるいかつい顔付きの北方の船人を見たことのない者には、全然理解しえないであろう。聖書は、ユダヤの丘の素朴な羊飼いの経験に立ち入って理解しようとする者にしてはじめて本当に理解できる。パリの鑑定人が普遍妥当を主張して発表するあの独断的な規準表にあてはめて、文化全体の価値、すべての伝統の価値を格付け、採点するのは、おこがましいし、無鉄砲でもある。あらゆる文化は、それぞれ固有の重心(*Schwerpunkt*)をもっており、それを把握しなければ、その性格や価値を理解することはできない。こういうわけで、ヘルダーは、それ固有の価値をもつ未開文化の保存に情熱をもったし、存在しているというただそれだけの理由で、ほとんどすべての人間精神の表現、想像力の産物を愛した。芸術、道徳、習慣、宗教、そして民族の生活は記憶をこえた古い伝統から生まれ、ひとつのまとまった共同生活を生きる社会全体によって創造される。共通体験にたいする想像豊かな集団的応答のまとまりある表現を、その内部や関係において区切ったり仕切ったりするのは、後世の鈍感で独断的な衒学者による人為的で歪んだ分類以外の何物でもない。

歌や叙事詩や神話や神殿、民族の習俗、その衣装、その言語の作者はいったい誰か。民族それ自身である。彼らの存在と行動のすべてに、民族の魂そのものが流れ出ているのである。文化的遺産を無視したり、踏みにじったりすることほど野蛮なことはない。こうした考えから、ヘルダーは、ローマ民族が土着の諸文明を押しつぶしたこと、キリスト教会がバルト諸族に洗礼を強制し、もって彼ら本来の伝統にはなかったキリスト教流儀を強制したこと(彼自身がルター派の牧師であったにもかかわらず)、イギリスの宣教師たちが、インド人やその他のアジアの住民に同様のことを行ない、それら民族の美しい土着文化が、本来の発展をねじまげるだけの外来の社会制度や、宗教や、教育制度を強制されて、無残にも破壊されたことを非難する。ヘルダーはナショナリストではなかった。彼は、それぞれに異なる文化が、ちょうどたくさんの平和な花が人類という大庭園の中で咲くように、それぞれに豊かに咲くべきだと考え、それが可能だと考えた。にもかかわらず、ナショナリズムの萌芽は、空虚な世界主義と普遍主義(これを彼はフランスの「哲学者たち」の罪だとする)にたいする彼の猛烈な攻撃の中に、まぎれもなく見えている。それは、一九世紀の彼の戦闘的な弟子たちの間で、急速に育っていった。

ヘルダーは、オーストリア=ハンガリー帝国、トルコ帝国、ロシア帝国に抑圧された諸民族の中に文化的ナショナリズムを最も強く吹きこんだ思想家であるが、結局は、オーストリアとドイツにおける直接的な政治的ナショナリズム——彼はそれをひどく嫌っていたが——を鼓舞し、さらにこれに感染した反応としてでてきた他の国々の政治的ナショナリズムの最大の鼓吹者でもある。彼は、当時のパリで流行の進歩の絶対的規準という考えを拒絶した。ある文化は、他の文化に進むための単なる手段ではない。あらゆる人間の営為やあらゆる社会は、それ自身の内的基準によって判断されるべきである。後年、ヘルダーはひとつの歴史理論を構想し、その中で、人類全体が、多少漠然とした形においてではあるが、あらゆる人間や芸術や科学を包摂する共通の人間性

(*Humanität*)に向かって発展すると説明したが、にもかかわらず、ヨーロッパの思想に最も強い影響を与えたものは、それぞれの文化が個性的本質と独特の香気をもつという、彼の初期の相対主義的な情熱の方であった。ヴォルテール、ディドロ、エルヴェシウス、ドルバック、コンドルセにとっては、ただひとつの普遍的文明が存在し、時にはある国民が、また時には他の国民が、その最も豊かな開花を代表する。ヘルダーにとっては、複数の比較できない文化が存在する。所与の共同社会に属し、共通の言語、歴史、習慣、伝統、感情という、堅くそして目には見えないきずなによって仲間と結ばれることは人間の基本的欲求であり、飲食や安全や生殖と同じ自然な欲求である。ある国民は他の国民の制度を理解できるし、共鳴もできるが、それはその国民が、自分にとってその固有の制度がどれほど大切かを十分に知っているからにほかならない。世界主義なるものは、ある国民をして最も人間的で、最もそれ自身たらしめるものすべてを取り去ってしまう。それゆえヘルダーは、科学的精神に染まったフランスの哲学者が使用する、人類の間違った機械的モデルにたいして攻撃を加える(彼はディドロだけは例外としている。ディドロの著作が、個性的で想像力に富み、ひらめきが多い点、彼は強い親しみを感じていた)。哲学者たちは、機械的な因果関係か、でなければ、賢明で有徳かつ利他的な時もあれば、自己中心的で頽廃的、愚鈍で不道徳な時もある、個々の国王や立法者や指導者の恣意しか理解しない。しかしながら、人間をかたちづくる力は、はるかにもっと複雑で、時代によっても、文化によっても異なり、哲学者のいうような単純で干からびた公式で割り切れるものではない。「私は、国民全体や時代全体が、ごく短い言葉で一括されてしまうのを聞いて、いつもびっくりする。というのは、「国民」とか「中世」とか、「古代と現代」というような言葉には、何とも多くの違いがふくまれているからである。[14]」ドイツ人はドイツ人の中にあってはじめて本当に創造的でありうるし、ユダヤ人はパレスチナの祖先の地に帰ってはじめて創造的でありうる。強制によって根こそぎ移住させられた人々は、異国の環境の中で、生き残るにしても衰弱してしまう。ヨーロッパ人はアメリカでその徳性を失い、アイスランド人はデンマークで衰頽した。(ある社会の他の社会に与える無意識かつ無自覚の自然発生的な影響とは違い)手本のまねは、わざとらしさや下らぬまがい物、堕落した芸術や生活をもたらす。ドイツ人はあくまでもドイツ人でなければならず、三流のフランス人であってはならない。生命は、自分の固有の言語、伝統、地方感情にひたり続けるところに存在する。画一性は死である。(科学の支配する)知識の木は、生命の木を枯らす。

かくして、ヘルダーの同時代人で、西部ドイツの生まれ故郷、オスナブリュック地方の昔の生活について書いた最初の歴史社会学者、J・メーザーもまた次のように述べた。

あらゆる時代はその固有の型をもち、あらゆる戦争にはそれ固有の性格があり、国事にも独特の色合いがあって、衣装や風俗は、宗教や科学と内的連関をもつと。さらに彼は、「時代様式(*Zeitstil*)」と「民族様式(*Volkstil*)」とがすべてであり、それぞれの制度には「地域に固有の存在理由」があって普遍的ではないし、そうではありえない、とも述べた。(15) メーザーの主張によれば、社会や人間は、「全体的印象」という方法によってのみ理解できるのであって、分析化学者のように、ひとつひとつの要素に分けては理解できない。あるドイツの村に適用される法律が、隣村では別の法律と矛盾したという事実を嘲笑したとき、ヴォルテールはまさにこの点を理解しなかったのだと、メーザーは言う。ルイ一四世やフリードリヒ大王の支配のような画一的支配制度が避けられるのは、まさに上述のごとき、連綿として古い伝統にもとづく豊かな多様性があってのことである。自由はそのようにして保持されるのである。

直接の影響ではないがこのような音調は、バークや、保守主義者と社会主義者双方を含めて、社会生活の有機的形態の価値を擁護する後の多くの浪漫的、生命主義的、直観主義的、非合理主義的著作家たちの著作に聞こえるものと同じである。人も知るバークによるフランスの革命家たちの諸原理に対する攻撃は、人間存在を歴史によって聖化された全体に繋ぎとめる無数の織り糸に対する同様の訴えにもとづいていた。そうした神聖な全体は、契約上の義務だけで結ばれる商社のような功利主義的な社会モデル、「詭弁家、経済学者、計算屋」(16)の世界と対照を成すものである。この種の人達は家族や種族、民族や運動をつくり出す分析不可能な諸関係に目をつぶり、耳を塞いでいる。これらの人間結合はどれも相互の利益追求を超える何ものかによって結ばれている。力によって、あるいは相互の愛とは異なるなにか、忠誠や共通の歴史、情感やものの見方によって一つになっているのである。このように、それが特定の宗教的信念と結びついていたかどうかは別として、非合理的な要素、すなわち、個性的なもの、特殊なもの（*das Eigentümliche*）、無形なものの価値に力点をおき、古い歴史的由来や記憶をこえた習慣、こむずかしい「理屈屋」の詭弁に毒されていない、単純で頑健な農民の知恵に訴える非合理的な要素を一八世紀後半において強調したことは、非常に保守的な、むしろ反動的な意味をもっている。ヘルダーは、政治的抑圧や、帝国的支配や、政治権力や、あらゆる種類の強制組織をひどく嫌ったが、この熱烈な民衆主義者《ポピュリスト》によって主張されたにせよ、あるいは、穏健なハノーヴァー保守派であったメーザー、あるいは、全く政治には無関心であったラーヴァター、あるいは、また別の伝統の中で育ち、教会と国家、および歴史によって正当とされた貴族やエリートの権威に敬意の念をもつバークによって主張されたにせよ、いずれにしても、これらの教義は、普遍的な道徳的知的理想の名の下に社会を合理的に再編成しようとする試みには、あきらかに抵抗をしめす。

同様に、科学的専門知識にたいする憎悪は、W・ブレイクや若きシラーや、東欧の民衆主義の作家たちの著作の中に、強い抗議となってあらわれた。なかんずくそれは、一七六〇、七〇年代のドイツにおける文学上の大動乱の一因となった。レンツ、クリンガー、ゲルステンベルク、ライゼヴィッツのような「疾風怒濤《シュトルム・ウント・ドランク》」の先導者が書いた戯曲は、あらゆる形の組織された社会生活や政治生活に対する反抗の爆発であった。彼らを怒りにかりたてたものは、あるいはドイツ中産層の鼻もちならない俗物根性であり、あるいは、愚鈍で恣意的なドイツ諸侯のちっぽけで古臭い法廷が下すむごい不正判決の数々であったかも知れない。しかし、彼らがこれに劣らない激しさで攻撃したものは、フランス、イギリス、イタリアの進歩的思想家によって唱導された、理性の原理と科学的知識による生活全体の整然たる規制であった。レンツは自然を激しい渦巻のようなものとみて、感受性の強い者が生命の完全燃焼をしようとすれば、その中に身を投じてしまうであろうと考える。彼やシューバルトやライゼヴィッツにとって、芸術、とくに文学とは、因習の許容はすべて「死の延期」(17)に過ぎぬと見る情熱的な自己主張の表現形態なのである。ヘルダーの次のような絶叫にもまして、全「疾風怒濤」運動の特徴を示す言葉はない。「私がここにいるのは、考えるためにではない。存在し、感じ、生きるためになのだ！」[18]「心だ！ 温かさだ！ 血だ！ 人間だ！ 生命だ！」[19]フランス的合理性は、青白い幽霊のようなものでしかない。一七七〇年代、ゲーテは、冷たくて「とこやみの死体同然の」[20]論文だといって、ドルバックの『自然の体系』に反撥したが、これも以上と同じ理由からである。この論文はストラスブルクのゴシック教会の驚くべき、汲みつくせぬほど豊かな生命力に何ひとつ言及していないが、ゲーテは、ヘルダーに導かれて、この教会に中世のドイツ精神の最も高貴な表現を見ていた。それは一八世紀新古典主義時代の批評家にはまったく理解できないものだったのである。空想小説『アルディンゲロと幸福な島々』〔Wilhelm Heinse, *Ardinghello und die glückseligen Inseln*, 1787〕の中で、作者ハインゼは、登場人物にゴシック風のすさまじさよりもっとすさまじい血だらけの経験を次々にさせたあと、彼らをある島にいざなう。そこには、完全に自由な人間関係があり、あらゆる規制も因習も最後には風に吹きとび、一種の無政府主義的‐共産主義社会の中で、人は、とうとう、最高の創造的芸術家としてその能力を最大限に発揮するにいたるのである。この小説が鼓吹するものは、激しい急進的個人主義である。それは同時代のサド侯爵の性愛的幻想小説に似ていなくもない、規則と法律の強制から逃れようとする切望、科学的理性の押し付けから、また、王党派か共和派か、専制的か民主的かを問わず、政治や教会の権威から逃れたいという切実な願いの初期形態を表している。

奇妙な逆説であるが、その理論の少なくとも一部分の誇張と歪曲とによって、この放埒な個人主義の創始者の一人となったのは、生涯を通じて、あらゆる種類の「熱狂」を嫌った、すぐれて理性的で厳格かつ非ロマン的なカントである。カントの道徳理論は、決定論は道徳と両立しえないという事実を強調した。なぜなら、自分の行為の真の創始者、すなわち、その行動をなすかなさざるかを自分で決めうる者だけが、その行った行為について賞讃や非難を受けることができるからである。選択する能力は、責任をともなうから、自由に選択できない者は、木石同然で、道徳的責任を負わない。これによって、カントは道徳的自律の信仰の創始者となった。道徳的自律に従って行為し、何かに働きかけられてそうするのではない者、仮に自然の性向に反する必要があっても、自ら自由に選んだ原理に導かれるべき道徳的意志の決定に発する行動をとり、自分にコントロールできない要因——(情動、欲望、習慣のような)物理的、生理的、心理的要因——の逃れられない圧力に押されて行動するのではない者、そうした人たちだけがまさしく自由とみなしうるのであり、ともかくも道徳的主体と言えるのである。カントは自分がルソーに負うところ大であると自認していた。そのルソーは、とくに『エミール』第四篇「サヴォアの助任司祭の信仰告白」の中で、物質的自然の受動性とは対照的な能動的存在、感覚の誘惑に抗して人間を自由にする意志の持主としての人間のことを語っている。「私は、自分の悪徳によって奴隷であり、良心の呵責によって自由である。」人間に善を選択せしめるものは、「良心」によって直接知られる能動的意志である。そして、ルソーにとって良心は、それに挑戦する理性(すなわち打算的主張)よりも強力である。必要があれば、人間は「肉体の法則」に反する行為を行う。そしてそのことによって彼は幸福に価する存在となる。(21) しかし、因果の流れによって決定されない能力としての、この意志の理論は、エルヴェシウスやコンディヤックの感覚主義的な実証主義に対立して、カントの自由な道徳意志とは親和関係を持つが、事物をも人間をも支配し、ありとあらゆる人間に同じ恒久の普遍的目標を命ずる自然法の客観的性格を脱しきってはいない。

このように、人が自由に離脱できない思考範疇の既定路線の枠内で動く思惟や知覚を排して意志を強調する考えは、道徳的自由のドイツ的観念の中に深く浸透した。それによれば、自由とは自然と調和することではなく、それへの抵抗、自然的性向の克服を意味し、物的であれ、人的であれ、およそ強制に対するプロメテウス的反抗に至るものなのである。それは次いで、理解するとは知識によって合理的必然を証明することだという見解を拒否し、したがって、理性に目覚めていない状態の人間には行く手を阻む障害と見えたであろうものの価値を認めるように導いた。こうした考えが現実との融和に反発するのは必然で、後のロマン主義の形態において、それは、人間の理念を何一つ配慮しない盲目の自然諸力に対する止むことなき闘い、あるいはまた重く堆積した権威と伝統、すなわち、現在の抑圧的諸制度が体現する批判されざる過去の巨大な悪夢との闘いを促したが、そうした闘いはしばしば悲劇的な敗北に終わった。かくて、ブレイクが、ニュートンとロックを最大の敵として弾劾する所以は、二人が自由な人間精神を窮屈な知性の機械の中に閉じこめようとしたと考えるからである。「籠《かご》にとらわれた赤い胸元の駒鳥《こまどり》は天国じゅうを憤《いきどお》らせる(22)」と彼が言う時、籠とはニュートンの物理学にほかならず、それは、自由な人間精神による自由で自発的な生活から、生命を奪ってしまうというのである。「芸術は生命の木だ[……]科学は死の木だ。(23)」ロックやニュートン、フランスの合理主義者たち、用心深く実際的なお偉方の支配、およびピットの警察は、彼にとってはみな同じ悪夢の一部なのである。シラーの初期の戯曲『群盗』(一七八一年)の中にも、この種のものがある。この中の悲劇の主人公、カール・モールの激しい反抗――これは失敗に終わり、彼は罪を犯して死ぬが――は、単なる知識によって、あるいは人間性や社会条件およびその他をよりよく理解することによって避けうるようなものではない。知識だけでは十分でないのである。われわれは人間の真の必要を発見できるし、人間の最高かつ永久的な満足を保証する技術手段や行為基準を用意することもできるという啓蒙の教義、そしてまた、それが知恵と徳と幸福に通じることだとする教義は、カール・モールの誇り高き、熱情的な精神とは両立しない。彼の精神は周囲にある思想を拒絶し、前世代のいわゆる啓蒙家が唱導した漸進的改革や合理的組織への信仰に満足することはないであろう。「鷲の飛ぶように早く飛べたはずのものを、法律は、かたつむりののろさにねじ曲げてしまった。(24)」人間性はすでに、原理的に自然世界とは調和しえないものと考えられている。シラーにとっては、ある種の宿命的なルソー的亀裂が自然と精神の間にすでに生じており、人間性は傷を負い、芸術はその傷の手当をしようと試みるが、それも完全には治らないと知っての上なのである。

ハーマンから深く影響をうけた神秘主義的形而上学者のヤコービは、魂の要求と知性とを和解させることができない。「光はわが心の中にある。わが知性に運ぼうとするやいなや、それは消え失せてしまう。(25)」彼によれば、スピノザは合理的世界像を示した点では、プラトン以来の大学者であった。しかしヤコービにとってそうした世界像は生ける屍である。それは、知性という冷やかな世界に住む家を持たず、ただ超越的神への信仰に身をゆだねてのみ救われる魂の切なる問いに答えるものではない。

シェリングは、おそらく、世界を根元的で、非合理的な力の自己発展と考えたあらゆる哲学者の中でもっとも雄弁であった。そうした力は、詩人や哲学者や神学者や政治家のような、豊かな想像力をもった人々の直観力によってのみ把握できるとしたのである。生ける有機体である自然は、そのような天才的な人々から出された問題に答え、他方、自然の方から出される問題には、こういう天才たちが答える。両者は相呼応する関係にあるからである。芸術家のものであれ、予言者あるいは思想家のものであれ、想像力に富む洞察だけが、未来の輪郭をさとるにいたる。それは、自然科学者や政治屋、その他現世的な経験主義者の、単なる打算的知性や分析力では、まったくとらえられないものである。理性、理解、根源的想像力と、名前はさまざまに呼ばれるが、常に啓蒙の批判的分析的知性と区別される独特で直感的な精神能力をこのように信仰し、そしてこれを分析の能力あるいは方法、すなわち、収集、分類、実験する能力、分解してはまた組み立て直して定義し、演繹し、確率計算する、そういう能力とを対比することは、以後、フィヒテ、ヘーゲル、ワーズワース、コールリッジ、ゲーテ、カーライル、ショーペンハウアー、その他一九世紀の反合理主義者たちの常套句となり、ベルグソンと彼に続く反実証主義諸学派において頂点に達する。

これはまたロマン主義の大河の流れの源流でもあり、それはあらゆる人間活動を個人の自己表現形式とみなし、芸術、そして創造的行為はすべて、材料や媒体に働きかけて、個人的であれ集団的であれ、意識的であれ無意識であれ、二つとない個性をこれに刻印することであり、そうすることによって、所与の価値ではなく創造の行為それ自身によって生まれる価値を実現するものだというのである。ここから、理論的にも実践的にも、啓蒙の中心的教理の否定が導かれる。その教理によれば、人が生きて行動し、創造する際に従うべき規則は自然それ自体によってあらかじめ定められ、命じられているものである。例えば、〔一八世紀イギリスの肖像画家〕ジョシュア・レノルズにとって、「崇高な様式」とは久遠の形、雑然たる日常経験を超えた原型を芸術家の想像力が形に表したものであり、芸術家にはそうした形を識別する才能があり、身につけたあらゆる技術を駆使してこれを画布や、大理石や、ブロンズに再現しようとするのである。だが、フランス古典主義に反発したドイツ的伝統の系譜をひく人たちにとっては、このような模倣《ミメーシス》、理想の定型の模写は真の創造ではない。創造とは手段の創造であり目的の創造でもある。価値を創造すると同時にこれを具体化することである。私が心象を色彩や音響に移し表そうとするとき、その心象は私が生み出した私だけのものであり、かつてあり今後生ずる何ものとも同じでない。合理的なるがゆえに共通共有で普遍的な理想を実現しようとしている私以外の人々と私が共にするなにかでは決してない。芸術作品（また人間のわざになる他のどんな作品も）は客観的自然が命じ、したがってすべての従事者を拘束する規則に即して造られるという、ボアローやアベ・バトゥーが説いた観念は全面的《イン・トト》に斥けられる。規則が援けになることはままあるにしても、天才の僅かなひらめきはこれを打ち破り、それ自身のやり方を創り出す。創造性に欠ける職人たちはその真似をするだろうが、自分自身のものとは言わない。芸術家であれ、哲学者であれ、政治家であれ、私が創造するというのは、実現しようと求める目標が客観的に美しく、真実で、高潔だからではなく、世論の賛同を受け、多数者や伝統に促されるからでもない。それが私自身の目標だからなのである。

この創造的自我が何であるかは、理論によって異なる。ある理論はこれを宇宙の精神、神の原理に等視される超越的実体とみなし、有限な人間がこれに焦がれるのは、中心の火柱に向けて火花が散るようなものだとする。またある理論では、それを、例えばバイロンやユーゴーや他の戦闘的なロマン主義作家や画家のように、彼ら自身の個としての、有限で、血肉をもった人間の自我と同じと見る。さらにある理論では、それを、国民、教会、文化、階級、歴史それ自体などの超人格的「有機体」と同じに考え、自分たちは、その有機体の構成要素ないし構成員だと考えた。自分たちこの世の存在は、このような巨大な力の表出だと考えるのである。攻撃的ナショナリズムや、階級、文化、人種の利益への同化、あるいは進歩の力、つまり未来に向かう歴史のダイナミズムに身を委ねること、これらは利己的利益計算やその他の世俗的動機からなされたならば忌み嫌われ、蔑まれたであろう行為を説明し、正当化する何ものかである。これら一連の政治的道徳的観念は啓蒙の中心命題の断乎たる拒否に基づく自己実現の理論の数あるさまざまな表現である。何が真であるか、何が正しく、善であり、美であるかは、誰もが利用し検証できる客観的な発見と解釈の方法を正しく用いれば万人に妥当するものとして示されるという啓蒙の中心テーゼをそれらは拒否している。それが完全にロマン主義的な装いをとると、この態度はデカルトとガリレオが創始した合理的経験的方法、モンテスキューやヒューム、ルソーとカントのような鋭い異端者でさえ、これに疑問を覚え修正を加えたにもかかわらず、全体としては確信をもって承認した方法の核心に対する公然たる宣戦布告となる。古典主義にたいする真に強烈な反対者にとって、価値とは、見出されるのではなくして、作られるのであり、発見されるのではなくして創造されるのである。価値は、それが私のものあるいはわれわれのものであるから、実現されるべきなのである。この真の自我なるものの性格が、あれこれの形而上学的理論によって、どのように説明されるかはどうあれ。

ドイツ・ロマン主義の最も極端な思想家であるノヴァーリスあるいはティークは、世界を、何であれ最も適切な方法によって、学んだり叙述したりすることのできるひとつの構築物ではなく、精神と自然との絶えざる活動であり、自然は休眠状態にある精神と同じものだと考えた。天才とは、この不断の上昇運動のもっとも自覚的な担い手であり、精神の活動を著しく推進する前進運動を体現するものである。一方、シェリングやコールリッジのような思想家は、この活動を、絶えず自己完成に向かって運動しつづける世界精神についての、漸進的な自己意識の成長ととらえる。また別の思想家は世界のこのプロセスには到達点がなく、無目的で無意味な運動と考えるが、人々はこれを直視できないから、彼岸での報奨を約束する宗教という形の癒しの幻想をつくり出して、この荒涼として絶望に誘う真理を目から隠すのだという。幻想が形而上学の体系となって、それが世界に存在するものと人間の行為、人がなし得て、なすべきことの合理的正当性を提供すると主張することもある。あるいはまた、科学的体系が、実際、目的がなく、ただあるがままの形なき流れであり、何ものをも意味しない無情な事実であるプロセスに意味を与えるかのような役割を演ずる場合もある。ショーペンハウアーが精密に論じた、世界に意味はないというこの理論は、現代流行の実存主義と不条理を磨きぬく芸術や思想の根にあり、またシュティルナーとニーチェ(彼の気分のある部分において)、キルケゴール(ハーマンのもっとも才能のある深遠な弟子)と現代の非合理主義者たちによって極限に至った利己的無政府主義の根底を成すものである。

啓蒙の中心的諸原理、すなわち普遍性と客観性と合理性、生活と思想の真正の問題のすべてに恒久的な解決を与える能力、そして(これに劣らず重要なことだが)観察と論理的思考の適切な能力を備えて考える人なら誰にでも合理的方法は開かれているという前提、これらの原理の拒絶はさまざまな形で起こった。いかなる秩序体系が攻撃の対象になるかの違いで、それは保守的なこともあれば自由主義的なこともあり、反動的にも革命的にもなった。例えば、アダム・ミュラーやフリードリッヒ・シュレーゲルのような人たち、コールリッジやコベットがある種不機嫌な気分にあるときもそうだが、これらの人々にとってはフランス革命の諸原理やナポレオンによる社会編成こそが人間の自由な自己表現の最大の障害に見えるようになり、保守的ないし反動的な非合理主義の形式を採用し、(常に一貫してではなかったにしても)時には、科学以前の信仰の時代のような黄金時代を郷愁の念をもって振り返り、近代化に対する教会と貴族の抵抗、産業化による生活の機械化と権力と権威の新たな階層秩序に対する抵抗への支持に傾くこともあった。権威と階層秩序の伝統的諸力こそもっとも抑圧的な社会的強制だと見る人たち、例えばバイロンやジョルジュ・サンド、あるいはロマン派と呼ばれ得る限りにおけるシェリーやビュヒナーといった人たちがロマン主義的反抗の「左翼」を形成した。他の人々は公共生活を原理的に侮蔑し、内的精神の涵養に専心した。どんな場合にも、合理的科学的方法による生活の組織化、人々を功利的目的や組織全体の幸福に向けて再編し動員することは俗物主義的な敵のやることだとみなされた。

啓蒙全体に共通するものは、キリスト教の中心理論である原罪の観念の否定である。それに代わって、人間は生来無垢もしくは善であり、そうでなくとも道徳的には無色で、教育や環境によってどうにでも変わり、最悪、大きな欠陥があっても、良い環境の中で合理的な教育を施すか、あるいは、ルソーが主張したように、社会を革命的に再組織すれば、根本的かつ無限の改善が可能であると信じたのである。ルソーの『エミール』が、物質主義や功利主義や無神論を攻撃したにもかかわらず、教会がこの本を徹底してきびしく弾劾した理由は、まさにこの本が原罪を否定した点にある。ド・メストルやボナルドやシャトーブリアンなど、世紀の変わり目におけるフランスの反革命主義者たちが、啓蒙全体を根こそぎ攻撃した際に用いた最も鋭い武器も、やはりこのパウロおよびアウグスティヌスの教義の力強い再肯定であった。

啓蒙にたいする闘いのなかでも、最も暗い反動的形態のひとつ――それは最も興味深く、また影響力のあったもののひとつでもあるが――は、一九世紀初頭のヨーロッパにおける反革命の先鋒をつとめたド・メストルとその追随者や同盟者の理論に見るべきである。ド・メストルの主張によれば、啓蒙思想は、最も愚かで、有害な社会思想のひとつであった。人間は、生来、博愛や協力や平和に向かう傾向をもつ、あるいは、ともかくも適当な教育なり立法なりによって、そういう方向に育成できるという考えは、彼にとっては、浅薄で間違った考えである。ヒュームやドルバックやエルヴェシウスのいう、慈愛に満ちた「自然の女神」は、馬鹿げた絵空事である。自然を理解するための最も頼りがいのある案内人は、歴史と動物学である。これらの示すところによれば、自然は絶えざる殺戮の場である。人間は、生来、攻撃的で破壊的であり、些細な事で反逆する。例えば、一八世紀中葉のグレゴリオ暦への変更や、ロシア貴族のあごひげをそるよう命じたピョートル大帝の決定は、激しい抵抗にあい、時には物騒な反乱まで引き起こした。しかし、そういう人間が、戦場に送られ、敵味方とも何のためか分からないままに、自分と同じ無実の人間を殺しに行くとなると、彼らは、素直に死に甘んじ、抵抗したためしはまずない。破壊的本能に目覚めると、人間は狂喜し、充実感をもつ。人間は、啓蒙思想の教えるように、相互協力と平和な幸福のために共に手をたずさえたりはしない。歴史の明らかに示すところでは、人間は、共にいけにえとなって祭壇にのせられた時に一番固く結合する。これは、自分自身や他人を犠牲にする欲望が、少なくとも、平和的あるいは建設的衝動に負けず劣らず強いからである。

ド・メストルの理解する人間は、邪悪で自己破壊的な動物であり、矛盾した衝動に満ちていた。人間は、自分の要求が何であるかを知らず、欲しないものを要求し、欲するものを要求しない。だから、彼らが生き残れて、救われる希望があるのは、ある種の権威あるエリート――教会、国家など、その決定に不服申立のできない団体――によって常に支配され、厳しい統制下におかれている場合だけである。合理的思考とか分析とか批判とかは、社会組織の基礎をゆるがせ破壊してしまう。もし権威の源泉が合理的であると宣言されれば、疑問や疑惑を招く。もし疑問が提起されれば、徹底的に議論されるだろう。権威は達者な詭弁学者によって掘りくずされ、それが混乱を加速する。柔弱で鷹揚《おうよう》だったルイ一六世治下のフランスがそうであった。もし国家が、絶えずこれを破壊しようと狙っている愚か者や悪党どもを退治して生き残っていくべきならば、権威の源泉は絶対的でなければならない。それどころか、少しでもこれに疑問をはさまんとする試みがあれば、直ちに凄まじい制裁が下されるほど恐ろしいものでなければならない。こうしてはじめて、人々は権威に服従することを学ぶであろう。権威――人を畏怖させる力――にもとづく確固たる階層制がなければ、人間のもつ救いがたい破壊的本能が、混乱と殺し合いをもたらすにいたるであろう。最高権力、特に教会は、絶対に理性的な言葉で説明したり、正当化したりしてはならない。一人の人間が証明できることは、他の人間がこれを論駁できるからである。理性は、激情という荒れ狂う海に対する最も弱い防壁でしかない。そんな危うい土台の上に、恒久的な建物は絶対に建てられない。非合理的なものの方が、障害であるどころか、歴史的にいって、平和と安全と強大に通じ、社会に不可欠なのである。いち早く崩壊するのは、合理的制度――共和政、選挙君主政、民主政、自由愛の開明的な原理にもとづく自発的結社――の方であり、永続するのは、権威をもった教会、世襲君主政や貴族政、終身結婚にもとづく極めて非合理的な家族制度のような、伝統的な生活様式の方である。

「哲学者《フィロゾーフ》」たちは、既存の言語の非合理的な遺物、妙に曲折する言い廻しや気まぐれで奇をてらった表現から脱した普遍言語を発明し、それによってコミュニケーションを合理化しようと提案した。もし彼らが成功していたならば、悲惨なことになっていたであろう。というのも、それぞれの国民のそれぞれの言語の独自の歴史的成長の中にこそ、半ば自覚されず、半ば記憶されない集合的経験の巨大な財産が吸い込まれ、祀られ、包まれているからである。いわゆる迷信や偏見とは、まさに習俗の外被であって、それが残ってきたこと自体が、長い間の破壊と変遷にたいする防壁であったことを示している。それを失うことは、人々の国民としての存在とその精神、今日あるように彼らをつくってきた習慣と記憶と信仰を保護する防壁を失うことである。急進的批評家が宣伝した人間の本性という概念、彼らのカードの家全体がその上に建てられているその概念は、子供じみた夢である。ルソーは、自由に生まれた人間が、それにもかかわらず、いたる所、鉄鎖につながれているのは何故か、と問いかける。「人は自由に生まれるというこの狂った宣言は真実の真逆である」[26]と、ド・メストルは答える。「羊は肉食動物に生まれたが、至るところ草を食んでいると言ったとしても、同じように理に適っていよう」[27]と、優れた文芸批評家のエミール・ファゲが、ド・メストルを論じたエッセーで付け加えている。人間は自由にも平和にも生まれついていない。これまでにあった自由や平和は、賢明で権威ある政府、破壊的な批判的知性とそれが有する社会解体力を抑圧する政府の下でのみ得られた。科学者、知識人、法曹家、ジャーナリスト、民主主義者、ジャンセニスト、新教徒、ユダヤ人、無神論者、これらの者は、社会の心臓部を不断に蝕む、いっときの油断もならない敵である。歴史上、最もすぐれた統治は、ローマ人のそれであった。ローマ人は賢明であったから、自らは科学者にならなかった。その代わりとして彼らは、利口だが移り気で、政治的能力のないギリシャ人を雇ったのであった。明るい知性ではなく、暗い本能が人間と社会を支配する。このことを理解し、国民をかならず過度に批判的で不満分子にする行きすぎた世俗教育を彼らにほどこさないエリートだけが、この世で人間が望みうる程度の幸福と正義と自由を与えることができる。しかし、すべての背後には、力、すなわち強制権力の可能性が潜んでいなければならない。

ド・メストルは、印象的な比喩を使って、あらゆる社会秩序は、結局は一人の男、死刑執行人に依拠しているという。誰もこの、見るも恐ろしい男とつきあいたいとは思わない。しかし、人間が弱く、罪深く、自身の情念を抑制できず、よこしまな誘惑や馬鹿げた夢によって常にそそのかされ破滅にいたる限り、あらゆる秩序、あらゆる平和、あらゆる社会は、この男にかかっている。理性は、十分に教育力があり、情念を抑えることができるとする考えは、こっけい至極である。真空の場所がある時は、そこへ力が有無を言わさず押し入る。血に染まった怪物ロベスピエールでさえ、正しい信仰から離れたフランスを懲らしめるために神が下された天罰であり、自由主義的なまぬけ者や愚か者より賞讃さるべきである。なぜなら彼は、フランス全体を維持し、敵を撃退し、血と情熱に酔ってフランスを守った軍隊を創設したからである。ルイ一四世は、当時の利口な学者たちを無視し、異端を弾圧し、そして栄光につつまれてベッドで死んだ。ルイ一六世は、毒の入ったヴォルテールの泉の水を飲んだ破壊的な観念論者と愛想よくつき合い、そして断頭台で死んだ。抑圧、検閲、絶対的主権、控訴を許さぬ裁判、これらが人間を統治する唯一の方法である。そして、ド・メストルの描く人間は、半人半獣のケンタウルス的怪物で、神を求めると同時に神と闘い、愛と創造を希求しながら、同時に、自分自身の盲目的な破壊本能の犠牲となる危険に常に陥り、力と伝統的権威との結合、なかんずく、理性があえて触れようともしない、歴史的に神聖である制度の中に具体化された信仰によって抑制される存在であった。

民族と人種が真の実在である。憲法屋どもによって人為的に制作されたものは、必ず破滅する運命にある。「民族は個人と同じく、生まれかつ死ぬ。……民族は共通の魂をもつ。それは言語においてとりわけ目に見える」[28]と、ド・メストルは言う。そして、民族は個体であるから、「ひとつの人種」のままで存在するよう努力しなければならない。だから、ド・メストルの最も近い知的同盟者であったボナルドも、フランス国民が、その民族的純潔の理想をすて、その結果、弱小となったことを惜しんでいる。フランス人が、フランク族の後裔なのか、それともゴール族の後裔なのかという問題、フランスの諸制度の起源が、ローマ民族に発するのか、ゲルマン民族に発するのかという問題、一六、一七世紀から一八世紀初頭に至る政治論争に根をもつこの問題は、にもかかわらず現在の生活様式を決定づける意味合いをもち、いまや神秘的有機体の色を帯びることになる。そうした神秘的有機体こそあらゆる形の言葉の理屈を超え、その反証となるのである。ド・メストルにとっては、自然的成長だけが真のものである。時間だけが、歴史だけが、人の敬い服従する権威をつくる。個人的な人間の手になる単なる軍事独裁は、精神的な力をもたない暴力にすぎない。彼はそれを「バトノクラシー(*bâtonocratie*)〔指揮棒の支配〕」[29]と呼び、ナポレオンの最後を予言している。同じ口調で、ボナルドも、社会理論としてであろうと歴史現象を分析する知的方法としてであろうと、個人主義を非難した。人間の制作になるものは、人間の存在そのものを貫く、神によって定められた制度、言語、家族、信仰に比べれば、あてにならない不安定なものであると彼は断じた。それらは誰によって作られたのか。子供が生まれる時、そこにはいつも父、母、家族、言語、そして神がある。これが真実で恒久的なすべてのものの基礎であり、契約や約束や効用や財物と一緒に商人の世界から取りだして人間が整理したものとは違う。反抗的な知識人の傲慢な自信によって鼓舞された自由主義的個人主義は、強い者、早い者が勝ち、弱い者が負けるブルジョワ社会の非人間的な競争を招く。ローマ教会だけが次のような社会、すなわち社会全体が進歩し、弱者やつつましやかな者も共に目標に到達できるよう、能力のある者の方は我慢するような社会を組織することができる。

これら陰鬱な理論は、フランスにおける王党派の政治に勇気を与え、さらに、ロマン的英雄主義の観念と、個人であれ民族であれ、創造的なものとそうでないもの、歴史あるものとそうでないものとを鋭く区別する考えがこれに加わると、ナショナリズムと帝国主義を当然に刺激し、遂にはそのもっとも暴力的な病理形態である二〇世紀のファシズムと全体主義の理論を生みだした。

フランス革命が掲げた目的の大部分を実現するのに失敗したことは、運動としても体系としても啓蒙の終焉を示す。その継承者と、ある程度その刺激と影響を受けて出てきた反対運動、ロマン主義的、非合理主義的な信条と運動、政治的なことも審美主義的なこともあり、暴力的なことも平和的なこともあり、個人主義的でも集団主義的でもあり、無政府主義に傾くことも全体主義に傾くこともあったさまざまな反対運動とその衝撃、これらが歴史の次のページを占める。

原注

（1）［バーリンのこのフレーズはドルバックの『自然の体系』（一七七〇年）の匿名訳者によるいくらか自由な訳文「誤謬、利害関係に引きずられた誤謬が疑えと教えてきたわれわれの感覚に立ち戻ろう(let us fall back on our senses, which error, interested error, has taught us to suspect)」に由来すると思われる。*Nature; and Her Laws: As Applicable to the Happiness of Man, Living in Society: Contrasted with Superstition and Imaginary Systems* (London, 1816), vol. 1, p. 26. このフレーズはサミュエル・ウィルキンソン(1820)およびH・D・ロビンソン(1835)の翻訳でも踏襲されている。］

（2）Letter to Lavatar, c. 20 September 1780: *Goethe Briefe*（Hamburg, 1962–7), vol. 1, pp. 325, l. 7.

（3）Johann Georg Hamann, *Sämtliche Werke*, ed. Joseph Nadler（Vienna, 1949–57)（以下 *W*

と表記), vol. 2, p. 208, l. 20.

(4) *Ibid.*, vol. 3, p. 285, l. 15.

(5) Johann Georg Hamann, *Briefwechsel*, ed. Walther Ziesemer and Arthur Henkel (Wiesbaden and Frankfurt, 1955–79) (以下 *B* と表記), vol. 6, p. 331, l. 22.

(6) *W*, vol. 3, p. 225, l. 3.

(7) *Ibid.*, vol. 2, p. 197, l. 22.

(8) *Ibid.*, l. 15.

(9) *Herder's Sämtliche Werke*, ed. Bernhard Suphan (Berlin, 1877–1913), vol. 5, p. 583.

(10) *B*, vol. 1, pp. 369–70.

(11) *W*, vol. 2, p. 172, l. 21.

(12) *Ibid.*, p. 171, l. 15.

(13) *Ibid.*, p. 164, l. 17.

(14) *Herder's Sämtliche Werke*, *op. cit.*(注9), vol. 18, p. 56.

(15) 彼の『オスナブリュック史』*Osnabrückische Geschichite* (1768)の序文の一部でヘルダー他によって『ドイツの技芸について』*Von Deutscher Art und Kunst* (1773)に「ドイツ史」'Deutsche Geschichte'として採録されたものを見よ。特に、エドナ・パーディー Edna Purdie による版(Oxford, 1924), p. 157.

(16) エドマンド・バーク『フランス革命の省察』(一七九〇年): *The Writings and Speeches*

of Edmund Burke, ed. Paul Langford (Oxford, 1981–2015), vol. 8, *The French Revolution*, ed. L. G. Mitchell (1989), p. 127.〔バークの原文は「詭弁家や経済家、計算者」(中野好之訳、岩波文庫、二〇〇〇年)の順。半澤孝麿訳(みすず書房、一九七八年)は「詭弁家、守銭奴、計算家」と訳す。〕

(17) J. M. R. Lenz, 'Über Götz von Berlichingen': Jacob Michael Reinhold Lenz, *Werke und Briefe in Drei Bänden*, ed. Sigrid Damm (Munich/Vienna, 1987), vol. 2, p. 638.

(18) *Herder's Sämtliche Werke*, *op. cit.*(注９), vol. 24, p. 366.

(19) *Ibid.*, vol. 5, p. 538.

(20) *Dichtung und Wahrheit*, book II: *Goethes Werke* (Weimar, 1887–1919), vol. 28, p. 68, l. 17.〔該当するゲーテの文章は「それ(『自然の体系』)は陰気で暗く死人めいて、読みつづけるのにも骨が折れ、亡霊を見ているような気がした」(山崎章甫訳『詩と真実』第三部、岩波文庫、一九九七年)、七五—七六頁。〕

(21) *Émile*, book 4: *Œuvres complètes*, ed. Bernard Gagnebin, Marcel Raymond and others (Paris, 1959–95), vol. 4, pp. 584–6.〔ルソー、今野一雄訳『エミール』(中)、岩波文庫、一九六三年、一四七—一五〇頁。本文「私は、自分の悪徳によって奴隷であり、良心の呵責によって自由である」の今野訳は「わたしは、悪いことをしているときには奴隷だが、後悔しているときには自由な人間だ。」(一五〇頁)〕

(22) 'Auguries of Innocence', line 5: *William Blake's Writings*, ed. G. E. Bentley, Jr (Oxford,

1978), vol. 2, p. 1312.〔「無心のまえぶれ」、寿岳文章訳『ブレイク詩集』、岩波文庫、二〇一三年、二二二頁〕

（23）〔同じくブレイクの「ラオコーン」より〕'Laocoon', aphorisms 17, 19: *ibid.*, pp. 665, 666.

（24）『群盗』第一幕、第二場：*Schillers Werke: Nationalausgabe*（Weimar, 1943–2012）, vol. 3, p. 21, l. 29.〔「法律とは何だ、荒鷲のように飛び翔けろうとするものを、堕落の底へ誘い込んで、蝸牛《かたつむり》のように匍わせるのだ」久保栄訳（岩波文庫、一九五八年）、二六頁。〕

（25）*Friedrich Heinrich Jacobi's Werke*（Leipzig, 1812–25）, vol. 1, p. 367.

（26）*Œuvres complètes de J. de Maistre*（Lyon/Paris, 1884–7）, vol. 2, p. 338.

（27）Émile Faguet, *Politiques et moralistes du dix-neuvième siècle*, 1st series（Paris, 1899）, p. 41.

（28）*Œuvres complètes de J. de Maistre*, *op. cit.*（注26）, vol. 1, p. 325.

（29）*Ibid.*, vol. 9, p. 59.

ジョセフ・ド・メストルとファシズムの起源

松本礼二訳

王様とは馬に乗って
番号で呼ばれる男、
その下にド・メストルは
王様と書いて、首切役人と読ませる。
　　ヴィクトル・ユーゴー『街と森の歌』(1)

だがこんな事柄にこだわるときではない、
われわれの世紀はまだそれ程成熟していない[……]
　　ジョセフ・ド・メストル『サン・ペテルブール夜話』(2)

一

ジョセフ・ド・メストルの人物や考え方が、政治思想史家や宗教思想史家によって謎めいているとか割り切れないとみなされることは通常ない。異質な歴史的伝統に由来する一見して両立し難い観念や態度が影響しあって、変幻自在の人物、在来の範疇に当てはめるにはあまりに複雑で矛盾のある人物を数多く生んだ時代にあって、ド・メストルは例外的に単純、明快で確固たる人物と考えられている。

歴史家や伝記作家、政治理論家と思想史家、また神学者たちは細心の注意を傾けて一八世紀末と一九世紀初めの政治と社会の雰囲気を伝え、考え方が鋭く対立したこの移行期の特性を描いてきた。そうした対立する考え方の典型的な代表者には、ゲーテとヘルダー、シュライエルマッハーとフリードリッヒ・シュレーゲル、フィヒテとシラー、バンジャマン・コンスタンとシャトーブリアン、サン・シモンとスタンダールがあり、ロシアのアレクサンドル一世にナポレオン自身もそうである。同時代の観察者の感じ方をある程度伝えているのは、おそらく、現在ルーブル美術館にあるグロ男爵の有名な絵、アイラウにおけるナポレオンを描いたあの絵であろう。それは素性の知れない騎馬の男を描いている。謎めいた男が同じように謎めいた背景を背にしている。それは秘密の力に触れた不吉な男《オム・ファタール》、どこからともなく来たり、全人類、否、全自然が服する神秘の法に従って動く運命の男であり、当時のバロック小説――『メルモス』〔アイルランドの小説家マチュリンの作品『流浪者メルモス』〕や『修道僧』〔英国の小説家M・G・ルイスの恐怖小説〕や『オベルマン』〔セナンクールの自伝的小説〕――のエキゾチックな主人公のように新奇で人を催眠状態に陥らせ、まがまがしく、深く心を動揺させる。

この時期は西欧の文化史の上では、通常、観察と合理的省察と実験に基礎を置く古典的な思想や芸術の形式が長期にわたって磨きぬかれた末に絶頂に達した時代であるが、同時にまた、新たな活動的な精神、古いわずらわしい形式の打破を激しく求める性急な精神に取りつかれた時代ともみなされている。それどころか、そうした精神を体現した時代というべきかもしれない。変転してやまぬ内面の意識に神経質にこだわり、果てしなきもの極まりなきものを追い、恒久的な運動と変化を求め、失われた生の根源に帰らんとし、個人も集団も情熱的に自己を主張し、達成不可能な目的への非妥協的な熱望を表わす手段を追求する、こういった精神が広まった時代でもあった。これこそドイツ・ロマン主義の世界、ヴァッケンローダーとシェリングの、ティークとノヴァーリスの世界、イリューミニストとマルティニスト〔どちらも啓蒙末期の神秘主義的セクト。特にマルティニストは後出サン＝マルタンの信奉者をいう〕の世界である。この世界はおよそ静穏で確固としたもの、明瞭で分かりやすいものはことごとくこれを拒絶しようとする。それが心を奪われるのは暗黒であり、夜と無意識であり、個人の魂と外なる自然を等しく支配する隠された諸力である。それは魂と自然との神秘的合一への渇望に人がとらわれ、到達し得ない宇宙の中心——あらゆる被造物と造らるべきものの核心——に向けて人を引き寄せる不可抗の力が働く世界であり、現実からの反語的な超越と激烈な不満とがともに生ずる状態である。それは憂鬱でいて昂揚した状態であり、断片化され絶望的ではあるが、また、破壊的であるとともに創造的なあらゆる洞察や発想の源泉ともなるのである。このようなプロセスだけがあらゆる表見的矛盾を、正常な思考と手堅い推論を超え、その枠の外に引き出すことによって解決（解消）し、特別の眼力の作用で変形させるのである。そうした眼力はある場合には創造的な構想力に等視され、またある場合には、歴史の「論理」あるいは「内的な本質」、つまり、唯物論者や経験主義者や普通の人々の皮相な思考には閉ざされている、ある形而上的に考えられた成長過程が「剥離して現われるさま」への哲学的洞察の独特の力と同一視される。これが〔シャトーブリアンの〕『キリスト教精髄』の世界、『オーベルマン』と〔ノヴァーリスの〕『ハインリッヒ・オフターディンゲン』と〔ヤコービの〕『ヴォルデマール』の世界であり、シュレーゲルの『ルチンデ』とティークの『ウィリアム・ローヴェル』の、コールリッジの世界であり、またシェリングの自然学説に想を得たといわれる新しい生物学や生理学の世界である。

この世界にジョセフ・ド・メストルは属していなかった。彼の伝記作者と註釈者の実質上全員がそう語っている。彼はロマン主義の精神を嫌悪した。シャルル・モーラスとT・S・エリオットのように、彼は古典主義と君主制と教会からなる三位一体の擁護者であった。明晰なラテン精神を体現し、陰鬱なドイツ気質とは文字どおり正反対である。

なかば闇に閉ざされた世界にあって、その姿は明確で疑問の余地がないように見える。宗教と芸術、歴史と神話学、社会的教説や形而上学と論理学が手のつけられないほど混乱した時代にあって、彼は明晰に分類、識別し、そして自らのたてた区別に厳密にまた最後まで執着する。彼はカトリック反動であり、学者にして貴族――フランス人でカトリックで貴人(3)――である。フランス革命の教義にも行為にも憤激し、合理主義と経験主義、自由主義と技術支配と平等主義的民主主義のすべてに対して同じように断固として敵対し、世俗主義とあらゆる形の非教派的、非制度的宗教に反対する。そこには自らの信仰と方法とを教父たちとイエズス会の教えから引き出した、力強く、時代に背を向けた人物の姿がある。「恐るべき絶対主義者、猛烈な神政論者、徹底した正統王朝派、教皇と国王と首切人からなるおぞましい三位一体の使徒、つねにまたどこでもこの上なく厳格、偏狭で、柔軟性に欠ける教条主義の主唱者であり、中世から抜け出た暗黒の人物、学識ある博士と異端審問官と死刑執行人とを一身に兼ねた男。(4)」これはエミール・ファゲの特徴的な要約(5)である。「彼のキリスト教は恐怖であり、受動的服従であり、そして国家の宗教である。」彼の信仰は「少々形を変えた異教(6)」である。彼は五世紀のローマ人、洗礼は受けたがやはりローマ人であり、あるいはまた「ヴァティカンの近衛兵(7)」である。彼を称賛するサミュエル・ロシュブラーヴは彼の「恐怖政治《テルール》のキリスト教(8)」について語っている。ド・メストルとその時代について綿密な研究をした著名なデンマークの批評家ゲオルク・ブランデスは彼を教皇庁のズアーヴ兵部隊における一種の文学的連隊長と呼び、彼がキリスト教徒であったのは人が自由貿易論者であったり、保護貿易論者であったりするのと同じ意味においてだけだと述べている。(9) エドガー・キネはド・メストルの「首切人の力を借りる情容赦のない神、永遠の公安委員会のキリスト」(10)について語っている。スタンダールは(ド・メストルを読んだかどうか分からないが)「首切人の友」(11)と彼を呼び、ルネ・ドゥミックは「増長した神学者」(12)と名づけている。

実際のところこれらはすべて、主にサント・ブーヴが作り上げ(13)ファゲが永続させた陳腐な肖像の変奏であり、政治思想の教科書執筆者がこれを忠実に再現したものである。ド・メストルは狂信的な君主主義者と描かれ、教皇の権威についてはそれ以上に狂信的な支持者であり、誇り高く、偏狭で柔軟性に欠け、教条的前提から極端にして不愉快な結論を引き出す強い意思と異常な力とを備えた人物とされる。タキトゥス流の逆説を操る鋭利で不機嫌な作家、フランス語散文の比類なき大家、時代を間違えて生まれた中世の博士、怒り狂った反動家、殺戮を狙い、絶妙な文章の力だけで歴史の進歩を止めようと躍起になって試みる残忍な敵、傑出した異常者、恐ろしげで、孤独で気難しく、感受性に富み、そして究極において悲劇的な人物、これらがド・メストルに付される形容である。それは最善でも、悲劇的な貴族の姿、相性の悪い時代に生まれつき、策略の横行する俗悪な世界に適応できず、これに反抗し、これを蔑む人物というところであり、最悪の場合には、強情で狂信的な頑固者、素晴らしい新時代を呪うばかりで、自ら目を閉ざしてこれを見ず、片意地を張って時代の息吹を感じようともしない頑迷固陋の輩とみなされる。

ド・メストルの作品は重要というよりは面白いとみなされ、封建制と暗黒時代が進歩の歩みに最後の絶望的な抵抗を試みた努力と理解されている。彼はこの上なく鋭い反応を起こさせる。どんな批判者も感情を押さえることができない。保守主義者によれば、彼は失われた大義の勇敢だが滅びゆく殉教者であり、自由主義者によれば、昔の、ずっと冷酷な世代の愚かしく、あるいは忌まわしい生き残りである。どちらの側も彼の時代は終わり、彼の世界は時代の問題、未来の問題となんら関わりがないとする点で一致している。この見方は(一度は彼の盟友であった)ラムネとヴィクトル・ユーゴー、サント・ブーヴとブランデスが等しく共有する見方であり、ジェームズ・スティーブンとモーリイとファゲもこれを引き継いで彼を役割を終えた存在とかたづけている。この判決はまた二〇世紀においてもっともよく知られた彼の評者たち、ラスキ、グーチ、オモデオの支持するところであり、現代のもっとも行き届いた、高度に批判的な伝記の作者であるロベール・トリオンフでさえこの見方をとって、彼を奇妙な時代錯誤の一つと扱い、同時代に影響がなかったわけではないが、それも周辺的、例外的だとしている(14)。

この評価は今日に比べ問題が少なかった世界にあっては十分理解できるにしても、私にはまったく不適切に思われる。ド・メストルは過去の言葉を語ったかもしれないが、彼が言わんとした中身は未来を予見していた。極端な急進派やユートピア論者は言うまでもなく、進歩的な同時代人、コンスタンやスタール夫人、ジェレミー・ベンサムやジェームズ・ミルと比べても、彼はいくつかの点で超近代的であり、時代に遅れたのではなく、生まれるのが早すぎたのである。彼の思想が広範な影響を及ぼさなかった(教皇至上権を奉ずるカトリック教徒、およびカヴールがその中で育ったサヴォアの貴族を別にすると、彼の影響は余り残っていない)としても、その理由は、彼が生きていた時代にはまだ土壌がこれを受け容れなかったからである。彼の教説、それ以上に彼の精神態度が真価を発揮するには一世紀待たねばならなかった(しかも、その真価の発揮は余りにも不幸なことであった)。一見するところ、このテーゼは、嘲弄の種にされるのが常であったド・メストルのどんなテーゼにも劣らずばかげた逆説に見える。明らかに、これを尤《もっと》もらしく見せるには証拠が要る。本研究はこのテーゼを支持するための一つの試みである。

二

ド・メストルがもっとも創造性に富んでいた時代に公共の関心をとりわけ集めた問題は、最善の統治形態はなにかという一般問題のある特殊な形式であった。一八世紀の最後の数十年間にはこの問題に対する合理主義的な解答がこの上ない熱弁をもって数多く主張されたが、フランス革命はそれら一切の信用を失墜せしめた。そこで、一体何がその失敗のもとだったのか、これが問われた。大革命はおそらくキリスト教の興隆以後西洋に起こった生の形式のトータルな転倒として人々がもっとも持続的に予感し、議論し、慎重に取り組んだものであり、そのことだけでも人間の歴史に類のないできごとであった。たしかに革命によって滅ぼされた人々がこれを理解しがたい激変と言い、大衆の腐敗と狂気の突然の噴出、神の怒りの爆発、あるいはまた晴天をかき消し、旧世界の土台を一掃した神秘の雷と語ったのは当然であった。疑いもなく、ローザンヌやコブレンツやロンドンに亡命した頑固で愚かな王党派の目にはそのように映っていたであろう。だが中産階級のイデオローグ、また階級的出自はどうあれ、急進的ないし自由主義的な知識人の持続的な宣伝の影響をすでに受けていた人々にとっては、少なくともその初期において、フランス革命は待ちに待った救いであり、過去の暗黒に対する光明の決定的な勝利であった。人類がついに自らの運命を手中に収めた時代がここに始まり、理性と科学の力で自由を得た人間はもはや自然の被害者でも人の犠牲者でもない。自然が残酷といわれるのは自然に対する理解が足らなかったからであり、人が強圧的、破壊的になるのは、その人の道徳か知性が闇におおわれ、害なわれているときだけである。

ところが革命は期待された結果をもたらさず、一八世紀の最後の数年と一九世紀の初めには、歴史の客観的な観察者、またそれ以上にヨーロッパの新しい産業化の時代の犠牲者には、次のことがますます明らかになった。すなわち人類の不幸の総量が目立って減ったわけではなく、ただその重荷がある種の人たちから別の人たちへある程度移動しただけだということである。その結果、当然のことながら、この事態を分析しようとする試みが多くの場所で為されたが、そうした試みは純粋に事態を理解したいという欲求に発することもあれば、また責任を誰かに帰したり、逆に自分を正当化したいという願いに出ることもあった。失敗の原因を究明し、治療法を処方しようとするこの試みの歴史こそ、一九世紀前半の政治思想史の大半を占めている。その詳細を追うとすれば主題から遠く逸脱してしまうだろう。だが主要な説明の型は、他を批判するにしろ自己を弁護するにしろ、馴染みのものである。自由主義者はすべての責めを恐怖政治に、つまり暴徒の支配と彼らの指導者たちの狂信が節度と理性を打ち負かしたことに負わせた。人類はたしかに自由と繁栄と正義を目前にしていたのだが、人間自身の制御しがたい情念や誤った観念――たとえば権力の集中と個人の自由とは両立するという信念のような――が約束の地につく前に道を迷わせてしまった(これが避けられない帰結とされるかどうかは分析者が楽観主義者か悲観主義者かによる)。社会主義者と共産主義者はこれに異を唱え、革命の当事者が社会的経済的要因――とりわけ所有関係――について不当にも注意を払わなかった(したがってその前で無力であった)という点を強調した。シスモンディやサン・シモンのような才能ある改革家は社会的政治的、また経済的な紛争の起源と性質、その帰結について鋭利で独創的な説明を提唱したが、そのやり方は合理主義者の先達がとった先験的な方法とは大いに異なっていた。宗教と形而上学に傾斜したドイツのロマン主義者たちは誤った合理主義イデオロギーの支配に失敗の原因を帰し、このイデオロギーが歴史についての深刻な誤解と人間と社会の本性についての機械論的な見方を伴っていたことを問題にした。神秘主義者やイリューミニストは一八世紀の最後の二、三十年と次の世紀の初めには普通考えられているよりはるかに深甚で広範な影響力をふるっていたのだが、彼らは、人々と諸国民の運命を(物質的原因や意識的な意見以上に)支配する神霊的な諸力についての理解が足らず、ましてそうした霊力と交信《ラポール》し得ていない点を指摘した。保守主義者はカトリックもプロテスタントも――バーク、シャトーブリアン、マレ・デュ・パン、ヨハネス・ミュラー、ハラーとかれらの同類――社会的精神的諸関係が織り成す限りなく複雑で分析しがたい網の目が有する比類なき力と価値について語った。バークの言うように、つぎつぎと生まれ出る世代は社会と精神の諸関係が紡ぎだす無数の織り糸からできており、いまある世代の持ち物や性質も大半はそれに負っているのである。これらの思想家は祖先から受け継いだ伝統の成長の不可思議な力を祝福した。彼らはこれを大きな流れに喩えた。(抽象観念で頭を狂わされたフランスの哲学者《フィロゾーフ》が擁護したように)その流れに逆らうことは、間違いなく不毛であり、自殺的ということになるかもしれない。枝を広げ、根は掘り起こせないほど土中深く埋もれている樹木にこれを喩えるものもあった。人間は絡みあった枝がつくるその木蔭に大きな群れをなして静かに草を食んでいるというのである。神の計画が少しずつ形を現わしつつあり、歴史の中で継起するその種々相は時間を超えた全体が時間の中に顕現したものに他ならず、無形の創造者の精神には、そうした全体像はそのあらゆる表出形態を通してつねに現前しているのだと説く者もあった。喩えはさまざまだが、いつも趣旨は大体同じであった。すなわち、理性というものは、抽象や巧みな計算の能力、あるいは現実を最終的な要素に分類、分析する能力の意味であれ、また経験的あるいは演繹的な人間論を展開する能力の意味であれ、哲学者《フィロゾーフ》の想像力による虚構だというのである。これらの思想家――ニュートン物理学の影響を受けたにしろ、ルソーの直覚論的平等主義の教説を受け入れたにしろ――は、人間それ自体、自然が造ったままの人間について語り、それは人類すべてにおいて同一であり、その基本的な属性、能力、必要、体質は合理的方法によって見出し、分析し得ると述べた。文明はこの自然な人間の成長を促したと教えた者もあれば、逆にこれを害なったと言った者もあるが、道徳、政治、社会、知性すべてにわたって、進歩はこの自然な人間の要求を充たせるかどうかにかかっているという点では誰もが一致した。

ド・メストルは、バークと同じように、この自然な人間が実在するという観念そのものを否定した。

> 一七九五年の憲法は、先行の諸憲法とまったく同じように（と彼は書いている）、人間のためにつくられた。ところが人間というようなものはこの世に存在しない。私はこれまで生きてきた間にフランス人、イタリア人、ロシア人などを見たことがある。モンテスキューのおかげでペルシャ人ということもあり得ると知っている。だが人間について言えば、はっきり言って私は生まれてこのかたまだ出会ったこと

がない。もし人間が存在するとしても私には未知である。(15)

この人間という虚構の観念に基礎を置く認識は壮大な宇宙のプロセスの前では無力である。そのプロセスを専門科学者の提供する公式に従って説明したり、ましてや変更し歪めようと試みるのは、たんにグロテスクなだけであり、これを哀れむにしろ面白がるにしろ笑って斥ければすむことであった。ところが実際にはそうした試みが不必要な苦難をあれほど引き起こし、最悪の場合には血の河を流させたのである。これこそ人間の愚行と思い上りに対して、歴史と自然、ないし自然の神が下した懲罰でなくてなんであろう。

歴史家は通常ド・メストルを保守主義者の中に入れる。彼とボナルド〔一七五四―一八四〇〕とはカトリック反動のもっとも極端な形態を代表するといわれる。伝統主義者、君主制論者、反啓蒙主義者であり、中世のスコラ的伝統に堅く縛られ、革命の後の時期のヨーロッパの新しいもの、生きたものをすべて敵視し、ナショナリズム以前、民主主義以前で、大部分想像の産物たる古くさい中世的神政政治を取り戻す無駄な試みに耽った人物というわけである。ここにはボナルドの描写としては相当な真実がある。彼はほとんどあらゆる点で教皇至上主義の神政論者というステレオタイプにぴたりと当てはまる。ボナルドは明晰な精神と狭隘なヴィジョンの持ち主であり、しかもそのヴィジョンは長い生涯の中で一層狭隘に、いよいよ極端になっていった。言葉の最善の意味でも最悪の意味でも士官であり、紳士であったボナルドは、アクィナスから引き出した知的、道徳的、政治的教義を時代の諸問題に適用することを本気で試みた。彼は機械のように容赦なくこれを遂行し、時代の意味するところには頑に目を閉ざし、そのことに自己満足を覚えることさえあった。彼の教えによれば、自然諸科学は首尾一貫した誤謬の塊であり、個人の自由を望むのは一種の原罪、さらに君主によるものであれ合議体によるものであれ、絶対的な世俗権力の掌握はすべてローマ教会をのみ代表とする神の権威の冒瀆の上に立っていた。したがって人民による権力の簒奪はそもそも国王とその臣下が邪悪にもこれを簒奪したことの当然で直接の帰結にすぎなかった。競争——これこそ自由主義者の万能薬であるが——はボナルドにとって神の規律の不遜な否認であり、それはちょうど正統神学の鎮守の森の外に知識を求めることが、腐敗堕落した世代による強い刺激のいたずらな追求にすぎないのと同じであった。中世の大論争における教皇主義者と同様、彼は人間に適する唯一の統治形態は身分と団体が構成する古きヨーロッパの階層秩序だと主張し、伝統と信仰によって神聖化されたこの社会構成にあっては、世俗の権威も霊的な権威も究極的にはローマ教皇の手にあり、君主たちは敬虔で従順なその代理人であるとした。こういった主張がまたすべて重苦しくて暗い、耐えがたく単調な文章で綴られていたから、ボナルドの思想はカトリックの政治理論の全体のなかに取り入れられ、たしかに行動への影響もあったとはいえ、当然のことながら今日では、彼の作品、またある程度までは彼の人物も、教会内の専門家以外の世界では忘れられ、無視されているように思われる。

ド・メストルは一度も会ったことのなかったボナルドをたいへん尊敬し、書簡を交わし、その精神的双生児であると主張した――これまでド・メストルの伝記作者はすべてこの主張を余りにもまともに受け取りすぎており、完全無欠のファゲでさえその例外ではない。たしかに次のようなことは言われる。ボナルドはフランス人だがド・メストルはサヴォア人であり、ボナルドは古い家系の貴族で、ド・メストルは貴族に列せられたばかりの法律家の子である。ボナルドは軍人で廷臣だが、ド・メストルは基本的に法律家であり、外交官である。ド・メストルは哲学に通じた批評家で、異常に才能にあふれた作家だが、ボナルドはずっと衒学的で、頑なまでに神学的である。ド・メストルはボナルドよりも熱心に王権を支持し、交渉者としてずっと経験に富んだ実務家であるのに対し、ボナルドは学識はより深く、演繹論理にずっと徹しており、才気煥発のド・メストルが歓迎され、非常な人気を博した刺激に満ちた貴婦人たちの客間には縁遠かった、と。だがこれらは相対的には瑣末な違いにすぎない。両人は同じ一つの運動を導く分かちがたく結びついた二人の指導者、カトリック王政復古の双頭の鷲と描かれる。これが何世代にもわたって歴史家、批評家、伝記作者が、もっぱら先人に倣い、互いに影響し合って協力してつくりあげてきた印象である。だが私にはこれは誤解のもとのように思われる。ボナルドは真正の政治的中世主義者、復古王政の支柱の一つであり、手強く岩のようではあるが、彼自身の時代に既にいくらか古くさくなっており、退屈で想像力に乏しく、博学だがどこまでも教条的な反動派の権威であった。ナポレオンは、あらゆる批判的思想に対するこの防壁が表面上どんなに自分の支配を敵視しようとも、実際にはその安定に貢献することを的確に認識し、だからこそ彼にアカデミーの席を提供し、自分の子供の師傅《しふ》として招いたのである。ド・メストルは人間としても思想家としても別の種類に属する。彼の輝きはボナルドに劣らず乾いており、精神の中枢は同じように固く、冷淡であるが、彼の思想——肯定的に彼が世界をどのようなものと見、どのようになって欲しいと望んだかという意味でも、また、思想と感情の他の流派をどう破壊したかという否定的な意味でも——はボナルドの狭い正統主義の地平で夢見られたいかなる観念よりも大胆で興味深く、独創的で激しく、一層邪悪でさえある。というのもド・メストルは旧世界が死につつあることを理解したが、ボナルドにはその徴はなく、またド・メストルはその跡に生まれつつある新しい秩序の恐るべき輪郭を認識したが、ボナルドにはこれは決してなし得なかったことだからである。この新しい秩序についてのド・メストルの解釈は――予言の言葉でかたどられてはいなかったにもかかわらず――同時代の人々に深刻な衝撃を与えた。だが、たしかにそれは予言的であり、彼の時代にはいたずらに逆説を弄ぶものとみなされた判断が、われわれの時代にはほとんど陳腐になっている。同時代の人々にとって、いや多分彼自身にとってさえ、ド・メストルは古典的、封建的な過去を静かに眺めているように見えたであろう。だが彼がそれ以上にはっきりと見たものは、血の凍るような一つの未来像であったことが明らかになった。彼の面白さと重要性とはこの点に存する。

三

ジョセフ・ド・メストルは一七五三年、シャンベリーに元老院議長の一〇人の子の総領に生まれたが、父親の爵位は当時サルディニア王国の一部であったサヴォア公国の最高の司法官として与えられたものであった。家系はニースの出で、彼は生涯フランスに対して賛嘆の念を抱いていたが、その思いは血や感情の結びつきによってある国に惹かれていながら、その国の周辺や国境を越えたすぐの所に住み、それについて美化したイメージをずっと心に留めている人々に往々見出される種類のものであった。生涯を通じてド・メストルは自国の支配者の忠実なる臣下であったが、本当に愛したのはフランスだけであり、この国のことを(グロティウスに倣って)「天国の次に美しい王国」と呼んでいた。[16] 運命は私をフランスに生まれさせるつもりだったのだが、アルプスで道に迷い、シャンベリーに落としてしまったのだと、彼はあるとき書いたことがある。[17] 彼は家柄のよいサヴォアの青年として普通の教育を受けた。イエズス会の学校に通い、ある信徒団のメンバーになったが、この団体の勤めのひとつは罪人の救済、とくに死刑執行に立ち合って死刑囚に最後の救いと安らぎを与えることであった。死刑台の比喩が彼の思想を埋め尽くしているのは多分この経験のためである。立憲主義とフリーメーソン思想(後年神妙にフリーメーソンを弾劾したとはいえ、彼はこれに対してある種の賛嘆の念を保持した)に軽く接した後、父親と同じ道をたどって、一七八八年にサヴォアの元老院議員となった。

サヴォアのごく穏健なフリーメーソンに対する共感は彼の考え方にある痕跡を残している。とりわけ一八世紀末の神秘主義者ルイ゠クロード・ド・サン゠マルタン(一七四三―一八〇三。啓蒙末期のフランスの神秘主義哲学者、「知られざる哲学者」と呼ばれた)とその先駆者マルティネス・デ・パスカリ（一七一五―七九。ポルトガル出身のイリューミニストの指導者）の影響を受けた。善行と有徳な生活を呼び掛け、懐疑主義や唯物論、自然科学の真理に抵抗するサン＝マルタンに深く賛同した。生涯を貫く教会合同論――キリスト教の統一の希求――や「寛容と呼ばれるあの愚かな無関心[18]」の弾劾はサン＝マルタンから引き出したものであろう。また彼は聖書に秘教的教義を探り、超自然的な暗示、幻想的な解釈を追い、スウェーデンボルクに関心を寄せた。神がいかに不可思議な仕方で奇蹟を引き起こすか、摂理の狡知によって人間の行動が意図せざる結果として神の計画を成就させる要因になり、神の恩典に与る人々自身救いようもなく鈍感でその計画を知るすべもないといった点を強調した。こういった主張もまたマルティニストのものである。彼の若いころ教会は、少なくともサヴォアにおいては、信者のフリーメーソン的傾向に反対ではなかった。もちろんその理由はただ、フランスで、ウィレルモスの指導の下にあったフリーメーソンの教えが教会の敵である啓蒙の唯物論や反教権的自由思想と戦う武器であったという点にあったのだが。教会と宮廷に対するド・メストルの忠誠は揺らぐことはなかったが、彼が初期においてフリーメーソンに共感を寄せた事実は、当然のことながら、教会と宮廷のより頑迷な支持者の側に彼に対する絶えることのない疑惑（この疑惑は一生彼に付きまとった）をいだかせるもととなった。だがこうしたことは後に起こったことに過ぎない。彼の若い頃、サヴォア王家はフランスの歴代の国王に比べればいくらか進歩的であった。封建制度は一八世紀の初めに廃されていた。国王の支配は温情主義的だが、ほどよく開明的で、農民が重税にあえぐこともなければ、商人や製造業者がドイツ諸邦やイタリアの諸公国におけるように貴族と教会の古い特権に妨げられることもなかった。トリノの政府は保守的だったが恣意的ではなく、過激主義の雰囲気は、反動にせよ急進にせよ、ほとんど存在しなかった。この国は当時——その後も同じだが——平和を維持し隣国との紛争を避けるのに汲々たる注意深い官僚制によって治められていた。恐怖政治がパリに出現すると、それは不信に満ちた戦慄をもって迎えられた。ジャコバン派に対するその態度は一八七一年のフランスのコミューンに対してスイスの保守的なサークルにみられた態度、あるいはまた第二次大戦中のフランスのレジスタンスに対して同種の人々の間にみられた態度にさえ似ていた。第二次大戦の時、恐怖を覚えたジュネーヴやローザンヌの正統派知識人《ビヤン・パンサン》のサークルはペタン元帥に同情したのである。同じように、誉れ高く、自由思想に傾斜したサヴォアの宮廷貴族はフランスに勃発した大異変に怖じ気づいた。戦闘的なフランス共和国がはたしてサヴォアに侵入しこれを併合すると、国王はまずトリノに、次いで数年間ローマに逃亡し、さらにナポレオンが教皇に圧力をかけた後には、サルディニアのカリアリにまで逃げてそこを首都としなければならなかった。ド・メストルは最初はパリの三部会の行動に賛意を示したが、すぐに考えを変え、ローザンヌに去った。そこからヴェネツィアへ、次いでサルディニアへ行き、そこでイギリスとロシアに扶養される身となった主君、サルディニア国王に仕えて、貧しい王党派貴族の典型的生活を送った。気性が激しく、考え方と表現がいつも極端すぎたド・メストルは、この保守的で田舎じみた、小心翼々たる小さな宮廷の居心地の悪いメンバーとなった。一七九三年に著した著作(『サヴォアの王党主義者が同胞に宛てる書簡』)の刊行について友人コスタの警告を受けたときに、彼はこの点をほのめかしている。「何であれ、生気があり過ぎ、どぎつ過ぎる考えはこの国では流行らない。」(19) 次の世紀の初めにサルディニア王国の公式代表としてサンクト・ペテルブルクに派遣されたのはおそらくいくらか救いであったろう。

驚くには当たらないが、革命はド・メストルの強靭で執拗な精神に影響し、それまでの信仰と考え方の基礎を再検討させる原因となった。せいぜい枝葉のものでしかなかった彼の自由主義は消え失せた。彼はあらゆる形の立憲主義と自由主義の仮借ない批判者、教皇至上主義の正統王朝派として現れ、権威と権力の神性を信じ、そしてもちろん一八世紀の啓蒙《リュミエール》の光が擁護する一切のもの——合理主義、個人主義、自由主義的妥協と世俗的啓蒙——に対する非妥協的な敵対者となった。彼の世界はいまや神を信じぬ理性の悪魔的な力によって粉砕され、革命がどんな姿をとるにせよ、この怪物の頭をすべて切り取ることによってしか再建されぬであろう。二つの世界はすでに生死を賭けた闘いに入った。ド・メストルは彼の立場を選び、容赦なく殺す決意を固めたのである。

四

『フランスについての考察』(*Considérations sur la France*)は匿名で一七九七年にスイスで刊行された、力強く、見事に書かれた論争の書であり、ド・メストルのもっとも独創的で影響力のあるテーゼをたくさん含んでいる。この著作に始まり没後出版の『サン・ペテルブール夜話』(*Soirées de Saint-Pétersbourg*)と『ベーコン哲学検証』(*Examen de la philosophie de Bacon*)に至る彼の知的活動全体の中心的なバネとなったのは、影響力のある思想家たちが生についていつもいだく、彼の目には浅薄この上ないと見える見方に対する反発であった。彼をもっとも怒らせたのは、時代の流行の哲学者たち、とりわけフランスの哲学者たちがその妥当性を当然視した口当たりのよい自然主義的な楽観論であった。啓蒙のサークルで支持された考えでは、真の知識は自然諸科学の方法によってのみ得られるはずであった。もちろん自然科学とは何であり、それが何を為し得るかについての一八世紀における観念はその後の二世紀に出来上がった観念とはかなり違って当然であったが。感覚に裏付けられた知識の成長を助けに理性の力を行使することだけが――つまり、神秘的な内なる光でも、伝統や教条的規則の無批判な承認でもなく、また直接の啓示に与ったにせよ聖書に記されているにせよ、超自然的な声でもなしに――、ただそれだけが歴史の始まり以来人間の関心をとらえてきた大問題に最終的な解答を与えるであろう。むろん思想流派間、個々の思想家の間には、鋭い対立があった。ロックは宗教と倫理における直覚的真理の存在を信じたが、ヒュームはこれを信じなかった。ドルバックは多くの友人とともに無神論者であり、そのためヴォルテールに非難された。テュルゴー(彼をド・メストルは一度は称賛したのだが)は進歩は不可避だと信じた。メンデルスゾーンはこれを信じず、霊魂の不滅の教義を擁護し、コンドルセはこの教義を斥けた。ヴォルテールは書物が社会行動に支配的な影響力をもつと信じたが、モンテスキューは気候、土壌その他の環境因こそ、国民性と社会政治制度における変えがたい差違を生み出すと考えた。エルヴェシウスは教育と立法だけで個人も社会もすっかりその性格を変え、完全なものにすることさえできると考え、そのためにはたしてディドロの攻撃を受けた。ルソーは理性と感情について語ったが、ヒュームやディドロと違って、学芸の価値を疑って科学を嫌い、意志の教育を強調して、知識人と専門家を批判し、そしてエルヴェシウスやコンドルセとは正反対に、人類の未来にほとんど希望をもたなかった。ヒュームとアダム・スミスとは義務の感覚を経験的に検証可能な感情とみなしたが、カントはこの主張を考えられる限りもっとも鋭く否定し、その上に彼の道徳哲学をうちたてた。ジェファソンとペインは自然権の存在を自明とみなしたが、ベンサムはこれを大仰なナンセンスと考え、人および市民の権利の宣言〔人権宣言〕を紙の上の喚《わめ》き声と呼んだ。(20)

だがこれらの思想家の間の相違がどんなに真実であろうとも、彼らが共通にいだいていたいくつかの信念があった。彼らは程度の差はあれ、みな人間は本来理性的で社会的だと信じていた。少なくとも、悪漢にだまされたり、馬鹿者に惑わされたりしていなければ、人は自分自身と他人の最善の利益の何たるかを理解し、それを見る術さえ教えられるならば、人間通常の理解力によって発見し得る行動規範に従うであろう。生物界と無生物界とを問わず、自然を統べる法は存在し、この法は、経験的に見出し得るかどうかは別として、自分自身を顧みるにせよ、外の世界を見るにせよ自明である点は同じであった。そのような法が見出され、それについての知識が十分に拡がれば、自然、個人間にも社会間にも、また個人自身の内部にも、安定した調和を生み出すであろうと彼らは信じた。彼らの多くは――少なくとも人々を適切に再教育した後には――個人の自由を最大限に、統治を最小限にすべきだと信じた。彼らの考えでは、「自然の教え」に基づいた教育と法制はほとんどあらゆる誤りを正すことができ、自然とは理性が行為に現われたものに他ならず、それゆえ、その作用は原則として幾何の公式のような一連の究極の真理から演繹し得るものとされ、後には物理、化学、生物学の公式がそうした究極の真理に加えられた。彼らはすべてよきもの、望ましきものは必然的に共存可能であると信じ、それどころか、あらゆる価値は論理的に組み合わされて解けることのない関係の網の目によって結びついていると考えた。彼らの中でも経験的な精神の持ち主は、人間性の科学が無生物についての科学に劣らず発展し得ること、したがって倫理や政治上の諸問題も、それが真正の問題でさえあれば、原則として数学や天文学の問題と同様の確実性をもって答えられると信じた。そうした解答に基づく生活は自由で安全で幸福、有徳で賢明な生活であろう。要するに彼らは、一世紀以上にわたって自然諸科学の領域でそれまでの人類の思想史における達成をはるかに超える驚くべき成果をあげた能力と方法を用いて理想の千年王国が達成できない理由はないと考えたのである。

ド・メストルはこうした考えすべてを打ち砕こうと決意した。基本的人間性という理想化された概念を先験的に措定するかわりに、彼は歴史や動物学や普通の観察が示す経験的事実に訴えた。進歩や自由や人間の完成可能性といった理想に代えて、信仰と伝統による救いを説いたのである。人間の本性は救いがたく悪に染まって腐敗しており、したがって権威と階層秩序、服従と隷属がどうしても必要であると彼は繰り返し説いた。科学に代えて、本能やキリスト教の叡知、(幾世代にわたる経験の果実に他ならぬ)偏見と盲信の優越を説いた。楽観論に代えて悲観論を、永遠の調和と永遠の平和に代えて、いさかいと受難、罪と報い、流血と戦争の必然性――まさにそれらの神聖なる必然性――を説いたのである。共通の利益と人間の生まれながらの善性を前提とする平和と社会の平等の理想に代えて、彼は堕落した人間と人間が属する諸国の通常の状態は本質的に不平等であり、各人、各国の目的や利害が互いに激しく衝突すると主張した。

ド・メストルは自然とか自然権という抽象観念に何の意味も認めなかった。彼は一つの言語理論を定式化したが、それはこの主題についてコンディヤックやモンボド〔一七一四―九九。スコットランドの法律家、言語学者。その言語論はヘルダーに影響を与えた〕が以前に言っていたこととはまるで反対であった。彼は信用を失っていた王権神授説に新たな生命を吹き込み、社会生活、政治生活の基礎として、神秘と暗黒――そしてなによりも反理性――の重要性を擁護した。驚くほど鮮やかに、また効果的に、彼はあらゆる形の明晰性と合理的組織を批判した。気質からいえば、彼は自分の敵、ジャコバン派に似ていた。彼らと同じくどこまでも信仰を貫き、猛烈に敵を憎み、何事においても徹底主義者《ジュスコーブティスト》であった。一七九二年の急進派を際立たせるものは、彼らが旧秩序を拒否したその徹底性である。彼らはその弊害だけでなく長所をも廃棄した。何物をも残さず、根も枝も含めて悪しき体制全体を破壊し、そのうえでまったく新しいなにかを建設すること、しかも新しい秩序をその上にたてることになる廃墟となった世界にいかなる譲歩もせず、これに対して最小限の負債も負わずに、新秩序を建設することを彼らは望んだのである。ド・メストルは対極にあるその鏡であった。彼はまさに偉大な革命家たちと同じ非寛容と情熱、力と喜びをもって、一八世紀の合理主義を攻撃した。彼は穏健派よりも革命家たちをよく理解し、彼らの資質のうちのいくつかに対してはいくらか仲間意識をもっていた。ただし彼らには至福の光景と見えたものが彼には悪夢であった。彼は「一八世紀哲学者の天の国」(21)を破壊して跡形もなくしてしまおうと欲したのである。

　彼が用いた方法、また彼の説いた真理を彼自身は主としてトマス・ア・ケンピスやトマス・アクィナス、ボシュエやブルダルーから引き出したと主張しているが、実際にはこれらのローマ教会の偉大な柱石にそれほど負ってはいない。むしろアウグスティヌスやド・メストルの若い頃の教師たち——ウィレルモスのイリューミニズムやパスカリとサン＝マルタンの弟子たち——の反合理主義的なアプローチとの共通性の方が多い。ド・メストルはドイツの非合理主義と信仰至上主義の父たちと考えを共にし、フランスでは、シャルル・モーラスとモーリス・バレス、そして彼らの弟子たちのように、ある場合には信仰の篤いクリスチャンでもないのに、ローマ教会の制度の価値と権威を喧伝した人々とも見解が一致する。啓蒙を自分の仇敵と考え続けるすべての人々、超越的な諸原理を擁護する人々、それも、そうした原理を科学や常識と同じ次元で生じ得るものとみなし、したがって知的あるいは道徳的な批判からこれを弁護することが可能であり、またその必要があると考えるのは、超越的原理の意味そのものをあいまいにし、誤解することだという見方に立ってこれを擁護する、そういう人々とド・メストルは見解を共にしたのである。

五

ドルバックとルソーは完全な敵同士だったが、二人とも敬虔な気持ちをこめて自然について語り、これを比喩的に過ぎる意味ではなしに調和がとれ、慈しみ深く、人間を解放するものと考えた。堕落していない人間の、教師の害をまだ受けていない心には、自然はその美と調和を開示するとルソーは信じ、ドルバックは、合理的な探究法によって自然の秘密を明らかにしようとする人々、偏見と迷信に曇らされることなく、よく教育された彼らの感覚と精神に対してこそ、自然はその姿を現すと確信した。ド・メストルは反対に旧い見方を受け入れ、ノアの洪水以前の人間は賢かったが、罪を犯して滅ぼされたと考えた。その堕落した子孫である現在の人々がその能力を調和的に成長させたところで真理を発見できるわけではない。真理は哲学や物理学にあるのではなく、ローマ教会の聖者や学者たちが授かった啓示のなかに見出されるのであり、観察はただこの啓示を一層はっきりさせるに過ぎない。自然を研究せよと言うならば、そうすればよい。楽観的歴史学や動物学のような非の打ち所のない研究はいったい何を見出しているか。まるで反対に、な合理主義者、コンドルセ侯の言う調和的な自己完成の光景であろうか。まるで反対に、自然は戦いの血にまみれているではないか。『サン・ペテルブール夜話』の中で彼は語っている。

生きとし生けるものの広大な生息圏を統べるのはあからさまな暴力であり、すべての被造物に武器をもたせて共滅に導く、神の定めた憤激とも言うべきものである。無生物の世界を離れた瞬間から、暴力による死という掟が生命のほんの始まりでしかないものの上にも刻まれていることが分かる。植物の世界ですでにそれが感じられる。巨大なきささげから名もない野草に至るまで、どれだけの草木が死に、どれだけが殺されるであろうか。だが、動物の世界に足を踏み入れるや、この法は突如としてこの上なくおぞましいその姿を明らかにする。目には見えないが明らかな力が〔働いて〕〔……〕動物の主な分類ごとに餌として食べる一定の動物を指定している。かくして昆虫が餌になり、爬虫類が餌になり、鳥が餌になり、魚が餌になり、四足獣も餌になる。生きものが他の生きものに食べられていないときは一瞬たりともない。これらのありとあらゆる動物たちの上に人間は置かれているのであり、殺してやまぬ人間の手は生きている何物をも逃さない。人間は食糧を得るために殺し、着るために殺す。着飾るために殺し、攻撃のために殺し、身を守るために殺し、知識のために殺し、愉しみのために殺し、そして殺すために殺す。傲り高ぶった残忍な王として、人間はすべてを欲し、なにものの抵抗も許さない。〔……〕小羊を裂いて腸をとりだし、竪琴を奏でる〔……〕狼の恐ろしい歯を切り取って美しい工芸品に磨き上げ、象の牙でこどもの玩具をつくる。――人間の机は動物の屍で覆われている。〔……〕では(この全体的殺戮の中で)他のすべての生きものを殺す人間を殺すのは誰か。人間自身である。人間を殺す役割を負っているのは人間である。〔……〕このようにして生きとし生けるものを統べる暴力による破壊という大法則は止むことなく貫かれる。永遠に血にまみれたこの地球はまるごと、あらゆる生きものをいけにえにする巨大な祭壇に他ならず、その犠牲は終わりなく、容赦なく、止むことなく続き、ついにはすべてのものがなくなり、ついに悪が止み、死そのものが死を迎えるのである。(22)

これがド・メストルが生についていだいた、有名な、恐るべきヴィジョンである。血と死に対する彼の凄まじいこだわりはバークが想定した豊かで静かなイギリスとは別の世界に属している。土地持ちジェントリの余裕ある円熟した知恵、大小の田舎家がおりなす深い平安、生者と死者と今後生まれ来る者たちとが交わす社会契約に基礎を置き、恵まれぬ人々の騒擾と災厄に煩わされない永遠の社会とはまったく別である。それはまた若い頃ド・メストルがその生活と教えに心を動かされた神秘主義者やイリューミニストの私的な精神世界からも遠く離れている。これは静寂主義でも保守主義でもなく、現状に対する盲信でもなければ、聖職者のたんなる反啓蒙主義でもない。それは現代ファシズムの偏執狂的世界にある親近性を有し、一九世紀のこんなに早い時期にそれが見出されるのは驚くべきことである。なんらかの意味でこの世界に共鳴する同時代人は、晩年猛烈に攻撃的になったゲレス〔ヨゼフ・フォン。一七七六―一八四八。ドイツのカトリックのジャーナリスト〕しかいない。

それでも生はド・メストルにとって無意味な殺戮、スペインの思想家ウナムノが「故ジョセフ・ド・メストル伯爵の畜殺場」[23]と呼んだものではなかった。というのも、戦いの帰趨は定まらず、勝利は計画して得られるわけでなく、単なる策略、あるいは科学者や法律家がもっていると称する類の知識で得られるものでもないが、にもかかわらず最後には、目に見えぬ軍勢が一方に加勢し、最終の帰結は疑いをいれないからである。ここにある神的な要素は、世紀の変わり目にドイツのロマン主義者――シェリング、シュレーゲル兄弟――が世界の説明のために用いようとした世界精神とか、人類あるいは宇宙の精神といった概念と似ていなくもない。これらの概念は創造と理解の力を同時に行使する超自然的な主体、あらゆる事物の作者にして解釈者であるものを指し示すからである。

ある時はタキトゥスを、別のある時はトルストイを思わせる反語的なことばで、ド・メストルはドイツのロマン主義者(そして後のフランスの反実証主義者、ラヴェッソンとベルグソン)に劣らず、自然諸科学の方法は真の理解にとって決定的な誤りであると宣告した。分類し、抽象し、一般化すること、規則性に還元し、演繹し、計算し、時間と無関係に妥当する厳格な定式に要約すること、これらはみな外見を実在と取り違え、表層を描写して深層に触れず、人工的分析で生きた全体を壊し、せいぜいのところ化学か数学を扱うのに役立つに過ぎない範疇を歴史と人間の魂の諸過程に適用し、これらの誤解に導くものである。ものごとがいかにして起こるかを真に理解するには別の態度が、ドイツの形而上学者シェリングと、それ以前ではハーマンが、神意を授けられた詩人や予言者の霊感に見出した態度が要求される。そうした態度が自然それ自体の創造過程と一体化してはじめて人間は、自分自身と自己の社会の目的を成就する戦いの中で、それらの目的を全宇宙――ほとんど生きた有機体のように考えられた――の向かいつつあるゴールの一要素と見ることが可能となるのである。ド・メストルはその答えを啓示宗教と歴史に求めた。属する社会の伝統、それに特有の感じ方や行為、考え方の大枠の中に身を置くことによって、われわれが辛うじておぼろげに、また途切れ途切れに見ることのできる内的な型、そこにのみ真実がある型を、啓示宗教と歴史は具現していると考えたのである。

おそらくバークもこの考えにまったく反対はしなかったであろう。少なくとも、政治から退却して古来の「民俗」に蔵された詩心と知恵、あるいはまた異常な想像力と眼力を授けられた天才的な詩人や思想家を称えたドイツ・ロマン主義の思想家たちほどは反対しなかったであろう。制定法に基礎を置く統治はすべて、神的立法者の大権の簒奪の上にたてられたものであり、それゆえあらゆる憲法はそれ自体悪しきものである。ここまで来るとバークにとっても行き過ぎであろう。いずれにしても、イギリスの伝統主義者もドイツのロマン主義者も軽蔑と悲観論の目で人類を見ていたわけではなかったが、ド・メストルは、少なくともその円熟期の著作の中では、原罪の感覚、人間はほうっておけば愚かにも自己を破壊してしまう邪悪で無価値な存在だという思いに取りつかれている。繰り返し、彼は、ただ受難のみが無秩序とあらゆる価値の破壊という底無しの深淵に人間が堕ちるのを防ぎ得ると強調した。一方には無知とわがままと愚かさが、他方には救済の手段として血と苦しみと罰がある——これらがド・メストルの暗い世界を取り巻く概念である。民衆——人類の大半——は子供であり、狂人であり、不在地主であって、その大多数は私生活を守り、所有物を用いるために、守護者、信頼の置ける教師、精神的指導者を必要とする。人間は救いがたく堕落し、無力なので、守護者たちの絶えざる警戒が、力と富とを不毛の目的のために蕩尽する誘惑から人々を保護し、定められた仕事を遂行するように訓練しない限り、価値あることは何一つ達成し得ない。守護者たちは守護者たちで、自然の真の秩序をなす固定した厳格な階層制、ローマ教皇を頂点に人間全体を上から下まで整然とした隊列に編成して巨大なピラミッドをつくっている秩序の維持のために生命を賭して働かねばならない。

知識と救済に至るどんな道も、入口にはプラトンの偉大な姿が立って道を示しているとド・メストルが考えたのはゆえなきことではない。彼はイエズス会がプラトンの言う守護者に当たるエリートとして行動し、時代の流行になっている致命的な倒錯からヨーロッパ諸国を救い出してくれるのを期待した。だがこれらすべてにおける主役、社会全体が依存する要石は王や僧侶や将軍よりはるかにおぞましい人物、すなわち死刑執行人である。『夜話』の中でもいちばん有名な一節は彼に捧げられている。(24)

この説明しがたい存在、快適で、実入りもよく、まっとうで名誉もある職業、自分の腕と力をふるえるそういう職業をいくらでも選べるのに、よりによって自分の仲間を拷問し、処刑する仕事を選ぶ者とはいったい誰であろうか。そうした人間の頭と心はわれわれのものと同じにできているのだろうか。そこにはなにか特殊なもの、われわれの本性からかけ離れたものがあるのだろうか。私自身はこれについて疑いをもたない。彼もまた外見的にはわれわれと変わるところはなく、皆と同じように生まれている。だが、彼は特別の存在であり、人間の一族の一員として彼を生ぜしめるには特別の指令、創造者の力に発する命令が必要である。彼はひとつの別領域〔世界〕として創られた。人々が彼をどのように見るかを考え、さらに、彼がどのようにしてそうした人の見方を無視し、これに挑戦し得ているかまで、できうるならば考慮してほしい。彼が住居をあてがわれ、これを手に入れるや否や、周囲の人々は彼を見ないですむどこか別の場所へ居を移す。周りに誰もいないこの寂しさの中で、彼はただ妻と子供たちと住んでいる。人間の声を聞かせてくれるのは家族だけで、家族がいなければ耳に聞こえるのは囚人のうめき声だけであろう。……陰惨な合図の音が鳴り、下級の獄吏が戸をたたいて彼の出番を告げる。彼は家を出、恐れおののく群衆でうめつくされた公共の広場に到着する。毒殺犯か、親殺しか、あるいは瀆聖を犯した者が彼の手に引きわたされる。彼は死刑囚を抱きすくめ、地面に寝そべらせ、水平に置いた十字架にくくりつけ、手をふりかざす。恐ろしい沈黙の一瞬の後、棍棒の下で骨が砕ける音と刑死者の叫び声の他には何も聞こえない。彼はその体を十字架から切り離し、車に乗せる。切り取られた手足は車輪の輻に絡まり、頸は垂れ下り、毛は逆立ち、竈のように大きく開いた口からは切れ切れに死を求める血みどろの言葉だけが洩れる。彼の仕事は終わった。胸は高鳴るが、喜びで満ちている。彼は自らを称え、心の中でこう言う。「誰も自分のようにうまく四つ裂き処刑はできまい。」彼は処刑台から降りる。血みどろの手を差し出すと、獄吏が――遠くから――幾枚かの金貨を投げてよこし、恐怖に尻込みする人垣を押し退けて彼はこれを受け取る。彼は食卓につき、食事をとり、そして寝室に行って眠る。翌日、目覚めたとき、彼は前日に為したこととまったく別のなにかを考えるであろうか。彼はいったい人間なのか。たしかに人間である。神は聖堂に彼を受け入れ、祈ることを許される。彼は犯罪者ではない。にもかかわらず、いかなる言葉もあえて彼のことを有徳とも、正直な男とも、尊敬に値するとも言わない。いかなる道徳的称賛も彼には相応しいとは思われない。他のどんな存在も人間性となんらかの関わりをもつが、彼にはそれが何もないからである。それにもかかわらず、あらゆる偉大さ、あらゆる力、あらゆる従属は、死刑執行人の肩にかかっている。彼こそは人間を結合させる恐怖の要であり、接着剤である。この神秘の使いをこの世からとり去れば、たちまちにして秩序は失われ混沌たる状態になる。王位は崩れ、社会は消え失せる。神は主権を造られたが、また懲罰をも造られたのである。神は地球をこの二つの極の上に置かれた。「なんとなれば、主は二つの極の主人であられ、両者の上でこの世を動かしたもうたからである。」(25)

これは単に嗜虐的な罪と罰についての瞑想ではなく、人間は権威に対する恐怖によって閉じこめられたときにのみ救われるという偽りのない確信の表明であり、そうした確信はド・メストルの情熱にあふれてはいるが明晰な思想の他のどの部分とも整合的なのである。人の生涯のいついかなる瞬間にも、創造の核心にある恐ろしい神秘を思い知らせ、絶えざる受難によってこれを清め、自らの愚かさ、悪意と無力とを機会あるごとに知らしめて謙遜に引き戻さねばならない。戦争と拷問と受難とは人間の避けがたい運命である。人は能う限りこれらに耐えねばならぬ。人々の主人に任命された者は容赦なく規律——彼ら自身をも見逃さない規律——を押しつけ、また同様に容赦なく敵を殺戮することによって創造者(彼は自然を階層的秩序に造ったのだが)が彼らに課した義務を遂行しなければならない。

では、敵とは誰だろうか。民衆の目をたぶらかし、また定められた秩序を覆そうとする者すべてである。ド・メストルはこの種の輩を「セクト」と呼んでいる(26)。彼らは攪乱者であり、破壊分子である。プロテスタントとジャンセニストに加えて、彼は理神論者、無神論者をあげ、さらに、フリーメーソンとユダヤ人、科学者と民主主義者、ジャコバン派に自由主義者、功利主義者、聖職批判者、平等主義者、完成可能論者、唯物論者、理想主義者、法律家、ジャーナリスト、俗人の社会改革家などあらゆる種類の知識人をその中に入れる。抽象的原理に訴える者や、個人の理性ないし良心に信をおく者すべて、個人の自由や社会の合理的編成を信ずる者、改革家に革命家。これらは安定した秩序の敵であって、あらゆる代償を払って根絶やしにしなければならない。これが「セクト」

であり、セクトは決して眠りこまず、永遠に社会の内側からしみ出てくる。このカタログはその後散々聞かされたものである。ファシズムにおいて頂点に達する偉大な反革命運動の敵を、それは初めて、そして的確に列挙している。ド・メストルは致命的な革命をまずアメリカで、次いでヨーロッパで起こした新しい悪魔的な秩序に対抗することを、つまり、彼の信ずるところによれば、この敵たちが世界に解き放ったあらゆる暴力と狂信に対抗することを試みる。知識人はみな悪者だが、なかでもいちばん危険なのは自然科学者である。ド・メストルはある論文の中でロシアのある貴族に、フリードリヒ大王が自然科学者は国家の大敵だといったとき彼は正しかったと告げている。

ローマ人は自分たちに欠けている才能をギリシャから金で買い、しかもそうした才能の提供者を軽蔑するという滅多にない良識を備えていた。彼らは次のように言った、それも笑いながら言ったものだ。「腹を空かしたギリシャ人が何でもお好みのことをしてみせます[27]」と。もし彼らがそうした才能を自分で真似しようとしたならば、もの笑いの種になっていたであろう。そんな才能を軽蔑していたからこそ、ローマ人は偉大だったのである[28]。

同じようにまた、古代人のなかでは、ユダヤ人とスパルタ人が科学的精神に身を染めなかったがゆえに真の偉大さに到達した。「過剰であることは、たとえ文学上のことであっても危険であり、自然諸科学は為政者にとってそれ以上に無価値である。科学者が人と取引したり、人を理解したり、指導することになったときに示す不手際は誰でも知っている。」(29) 科学的なものの見方は権威にけちをつけ、無神論という「病」に道を開く。

どんな国でもどんな所でも、科学の避けがたい欠陥の一つは、人間の真の務めであるあの行動意欲を喪失させ、その心を限りない傲りで満たし、人間自身と人間本来の考えから逸脱させ、人間をあらゆる服従の敵、あらゆる法と制度に対する反逆者に、あらゆる革新の生まれながらの唱導者にしたてあげてしまうことである。[……]科学のなかでも第一のものは統治の学である。これを学院で学ぶことはできない。シュジェからリシュリューに至るまで、偉大な大臣で物理学や数学に関心を持ったものは一人もいない。(30) 自然諸科学の天分は、それ自体が才能であるあの別種の天分をもつことを不可能にする。

一八世紀にしばしば「母なる自然」とか「貴婦人の如き自然」と呼ばれたものの確か

な導きの下で幸せで調和のとれた実りある生活を送れるという信念に対する批判としては、これで十分であろう。――すべてこうした信念は現実を直視しえない浅薄な精神の自己欺瞞からくるのである。

平和と現実とはまったく別ものである。ド・メストルは問うている。

戦いの太鼓が鳴るや否や、人はいつでも何ら抵抗感なしに、否、しばしばある種の熱意(この熱意がまた特有の性格のものだ)を以てすら戦場に赴く準備を整えるのは、いったいなんと驚くべき魔術がこれを為さしめるのだろうか。しかも何のために行くかといえば、未だこちらになんの害も与えていない同胞、ただそちら側でも同じようにできるなら打ち負かしてやろうと進軍してくる同胞を戦場で木っ端微塵に吹き飛ばすためなのである(31)。

鶏を殺さねばならぬとなれば涙を流す連中が、戦場では平然と人を殺す。そうするのは純粋に共通の善のためであり、苦痛に満ちた利他主義の義務として、自分の人間的感情を押し殺すのである。死刑執行人はごく少数の罪人、親殺しとか偽札づくりとか、そういう連中を殺すだけである。兵士は何千という無辜の人間を、無差別に、むやみやたらと、荒々しい熱狂にかられて殺す。別の惑星から何も知らぬ訪問者がやって来て、死刑執行人と兵士とではどちらが忌み嫌われ、軽蔑され、どちらが評価され、賛嘆され、褒美を得ているかと聞かれたとしたら、われわれは何と答えるべきか。「この世でもっとも誉め称えられること――一つの例外もなく人類全体の考えにおいてそうであるもの――が、罪なき者の血を流して罪にならない権利であるのはいったいなぜか、その理由を説明してもらいたい。」(32) ジャコバン派の邪悪で堕落した非道の共和国以上にこのことをはっきりと示すものがあろうか。この悪魔の王国こそミルトンのパンデモニアム(『失楽園』に出てくる悪魔の館)ではないのか。

それでも人は愛するために生まれる。人は情け深く、公正で善良である。他人のために涙を流し、そうした涙がまた人に喜びをもたらす。物語をこしらえてはそれに涙する。それでは戦争と殺戮へのこの欲求はどこからくるのか。人はどうしてこれほど嫌悪感を催させる所業を情熱的に歓迎して、奈落へ落ちていくのか。たかが暦を変える試みのような瑣末な争点をめぐって反乱を起こす人々が、どうして従順な動物のように殺し殺されるために喜んで送り出されるのか。ピョートル大帝は何千という兵隊を負けても負けても死地に送ることができた。ところが貴族の顎髭を剃らせたいと思ったときには、あわや反乱に直面しかけたのである。もし人々が自分の利益を追求するものならば、どうして諸国民の同盟を結成して、人がそれほど熱烈に望んでいると称する普遍的な平和を達成しないのか。適切な解答は一つしかない。殺し合って自ら生け贄になろうとする欲求が自己保存や幸福への欲求と同じように根源的だということである。戦争は恐るべき世界の永遠法則である。合理的な地平では弁護の余地がないにもかかわらず、不思議なことに戦争の魅力には抗しがたい。理性に基づく功利主義の次元では、たしかに戦争は狂気の沙汰、破壊的行為とみなされて然るべきものである。にもかかわらずそれが人間の歴史を支配してきたとすれば、そのことはただ合理主義的な説明、とりわけ戦争をあたかも慎重に計画された説明可能、あるいは正当化し得る現象であるかのようにみる説明が不適切であることを示している。どんなに忌むべきものであっても、戦争は決してなくならぬであろう。なぜなら、戦争は人間が造ったものではなく、神の定めたもうたものだからである。

教育は知識の水準と人間の表向きの意見の在り方を変えるであろうが、それが役に立たないより深い次元がある。ド・メストルはこれを目に見えぬ世界と呼んでいるが、そこでは、個人の中にある(社会においても同様だが)自然を超え、それゆえ測りがたい要素が抗しがたい役割を演じている。理性は一八世紀にあれほどもてはやされたが、実際にはもっとも無力な道具であり、理論の上でも実践上も弱い「明滅する光」(33)に過ぎず、人間の行動を変えることも行動の原因を説明することもできない。およそ合理的なものは何であれ、まさに合理的なるがゆえに、そして人間の作為になるがゆえに崩れ去り、非合理的なものだけが永続する。合理的批判はそうした批判に弱いものはなんであれ蝕むであろう。本質的に神秘で説明不可能であって、合理的批判から絶縁されているものだけが生き延びられる。人が造るものは、人が傷つける。人の手を超えるもののみが生き残る。

(34)歴史はこの真理を証する実例に満ちている。世襲王政以上にばかげたものがあるだろうか。賢明で有徳な王様の跡を同じように優れた子孫が継いでいくと期待すべき理由がどうしてあるのか。君主を選挙する自由——選挙王政——の方がおそらくより理に適っていよう。だがポーランドの哀れな状態はこの道の行き着く不幸を示して余りある。それにひきかえ王位の世襲というまったく非合理な制度はあらゆる人間の制度の中でもっとも持続的なものの一つである。民主的共和政はたしかに世襲王政より合理的であろう。だがペリクレス時代のアテナイの最盛期ですら、民主政はどれだけ続いただろうか。しかもそれは最終的にどれだけの代償を払ったか。これに対して六六人の国王、悪い王様も善い王様もいたが、平均すれば十分王位にふさわしい王たちが、偉大なるフランス王国を一五〇〇年にわたって十分に治めてきたのである。さらにいえば、結婚と家族以上に一見して非合理なものがあろうか。趣味も人生観も違ってきた二人の男女がどうしてずっと結びついていなければならないのか。どうしてこんなに強情なみせかけがいつまでも残るべきなのか。それでも両性の分かちがたい結合と家族の神秘の絆は、抽象的理性を嘲けるかのように永続する。

理性を移り気な人間知性の通常の働きに似た何かの作用という意味で用いて、歴史は理性が行為に現れたものであるとする見解があるが、ド・メストルはこの見解を反駁する中で合理的制度の自己否定性の実例を数多くあげている。合理的人間は自らの快を最大に、苦を最小にしようとする。だが社会はこのための道具ではまったくない。それはそんなことよりずっと基本的な何ものかに支えられている。永遠の自己犠牲、家族や都市、教会や国家のために快楽とか利益を無視して自己を捧げようとする人間の傾向、社会の連帯を示す祭壇にわが身を投げ出し、聖化された生の形式を守るために受難し死んでいこうとする熱意、こうしたものに社会は支えられている。非合理的な目的、自己の利益や快楽と関わらぬロマン主義的行動、そして自己放棄と自己抹殺の情念に発する行動をこれほど猛烈に強調した例は、一九世紀もずっと後にならなければ再び出会うことがない。

ド・メストルの宇宙では行動は、それが日々の利益の実現に向けられ、人間の性質の表層をなす打算的で功利的な傾向に出るものであればあるほど、それだけ効果がなくなる。理性や個人の意志に出るのではなく、説明されず、いわくいいがたい深みから出る行動であればあるだけ、それは効果的で、記憶に残り、宇宙と調和する。――バイロンとカーライルが称賛した英雄的個人、危険を顧みずに嵐に立ち向かう人間、これもド・メストルにとっては愚かな科学者や社会改革家、大実業家とまったく同様に自己をやみくもに過信する者であった。最善にして最強のものは往々にして荒々しく、非合理で、理由がなく、それゆえ必ず誤解され、不条理に思われるが、それはただ誤ってこれを理解可能な動機に帰そうとするからなのである。彼のいう意味で人間の行動が正当化されるのは、それが幸せとか楽しみとか、また整然とし、論理的に一貫する生活や、自己主張、自己拡大をめざす傾向に発するのではなく、ただ、人には推し量れず、推し量るべきでもない、神の測りがたい目的――人はこれを否定して我が身を滅ぼす――を成就しようとする人間の性質から出るときだけである。この目的はしばしば苦痛と殺戮を伴う行動に導くものであり、そのような行動は良識ある尋常な中産階級の道徳からみれば、傲慢で不正の行為とみなされるであろうが、にもかかわらずあらゆる権威の中心にある暗黒で分析し得ない核から発するものなのである。これは世界の詩学であって、散文ではない。これこそあらゆる信仰あらゆる活力の源泉であって、人間はそれによってのみ自由であり、選択が可能になり、創造と破壊の力を得る。因果的に決定され、科学的に説明可能で機械的な運動をしている物質の世界、人間の下にあって善悪を知らぬ生きものたちの同じような世界を人が超えるのもこれによってである。

あらゆる真摯な政治思想家と同様、ド・メストルも人間の本性についてのある見方を前提にしている。この見方は完全にではないが深くアウグスティヌス的である。人は弱く、非常に邪悪ではあるが、完全に因果律に決定されてはいない。人は自由であり、不死の魂である。彼の内では二つの原理が争っている。人間は神の似姿——創造者に似せて造られた、神霊の閃《ひらめ》き——であると同時に、神に逆らうもの、罪人、神への反逆者でもある。人間の自由はごく限られており、人は逃れられぬ宇宙の流れに縛られている。たしかに創造することはできないが、修正することはできる。善と悪、神と悪魔のどちらかを選ぶことはでき、その選択に対して人には責任がある。創造の秩序の中でひとり人間だけが努力する。知識を求め、自己を表現しようとし、救済を得ようとして。コンドルセは人間社会を蜂とビーバーの社会に比較した。だがいかなる蜂も、いかなるビーバーも先祖が知っていたこと以上のことを知りたいとは思わない。鳥も魚も哺乳類もそれぞれの単調で変化のない循環の中に安らっている。人間だけが自分の卑しさを知っている。それこそ「人間の偉大と悲惨の、その崇高な権利と信じがたい堕落の証」[35]である。

人間は恩寵の世界と自然の世界に同時に住む「半人半獣の怪物」[36]であり、潜在的には天使であるが、また悪徳にまみれてもいる。「人間は自ら何を望んでいるかを知らない。望んでいないものを望み、望んでいるものは望まない。望むために望むのである。人間は自らの内部に自分自身と違う何か、自分より強い何かを認める。賢者は抵抗の声をあげ、「誰が私を解き放ってくれるのか」と叫び、愚者は降伏し、自らの弱さを幸福と呼ぶ。[37]」

人間は――道徳的存在として――自由な意志で権威に服するに違いないが、しかし、ともかく服従しなければならない。というのもあまりに腐敗し、あまりに無力なために自ら治めることができないからである。そして統治なしでは人は無政府状態に陥り、消えてしまう。どんな人間もどんな社会も自らを治めることはできない。自らを治めるというような表現は無意味である。あらゆる統治は疑問の余地のないなんらかの強制的権威に由来する。無法はそれ以上上訴の余地のない何かによってのみ停止される。それは慣習であるかもしれないし、良心であるかもしれず、教皇の冠、あるいは剣かもしれないが、いずれにせよある何かである。アリストテレスは文字どおり正しく、ある人々は生まれながらに奴隷である。[38]そうであってはならないと言うのは理解できない戯言である。ルソーは人は自由に生まれながら至るところ鎖で繫がれていると言っている。「一体どういう意味だろうか。〔……〕人は自由に生まれたというこの狂った意見こそ真実の真逆である。[39]」人間は邪悪すぎるから生まれたその時から鎖から解き放ってはならないのである。罪に生まれついているからこそ、人はただ社会と国家の力で個人の野放図な判断の逸脱を矯正されることによって辛うじて我慢のできる存在に変わる。ド・メストルはバークの影響を受け、彼と同じように、またおそらくルソーとも(いくつかの解釈では)同じように、社会はそれぞれある一般的な魂、一つの真の道徳的結びつきを有し、それによってつくられていると信じている。だが彼はそれ以上に進む。

政府は一つの真の宗教である(と彼は宣言する)。政府には政府の教義があり、神秘があり、僧侶がいる。それを各人の討議の下に置くことはそれを破壊することである。政府に生命を与えるのはただ民族の理性という一つの政治的信仰だけであり、政府はその象徴なのである。人間に最初に必要なのは成長する彼の理性を(教会と国家の)二重の軛の下に置くことである。個人の理性は抹殺さるべきであり、民族の理性の中に溶けてなくなるべきである。そうしてこそ、それはちょうど河が海に注ぐとき、その流れはたしかに沖合まで続いているが、河の名前はなくなり、見分けもつかなくなるように、個人的存在から別の――共通の――ものに変形されるの

である。(40)

このような国家は成文憲法によってつくったり、その基礎の上に置くことができない。憲法は守られることはあっても、崇拝されることはない。ところで崇拝なしには——それどころか、宗教の「前進基地《ウヴラージュ・アヴァンセ》」(41)たる迷信なしには——なにものも存立し得ないものである。この宗教が要求するのは条件的服従——ロックとプロテスタントのいう商事契約——ではなく、個人の国家への解消である。人は己れを——単に貸すのではなく——与えねばならぬ。社会は銀行、すなわち互いに猜疑の目で——騙されはしまいか、ごまかされ、くすねられはしまいかと——警戒し合っている諸個人が形成する有限会社ではない。空想的な権利もしくは必要を名目とする個人の抵抗はすべて、生命力をもつ唯一のものである社会的、形而上的なまとまりを解体する。

これはボシュエが擁護した意味における権威主義、いやボナルドの擁護した意味でのそれでさえない。われわれはトマス・アクィナスやスアレスの整然たるアリストテレス的な構築物を遠く後にし、いまやドイツの超国家主義者、啓蒙の敵たちの世界、ニーチエとソレルとパレート、D・H・ロレンスとクヌート・ハムスン、モーラスとダヌンツィオの世界、血と土《ブルート・ウント・ボーデン》の世界に近づきつつあるのであって、伝統的な権威主義は遥か後方に去ってしまっている。ド・メストルの体系の正面は古典的かもしれないが、その裏には恐ろしくなるほど現代的な何か、甘さと明るさに激しく対立するものがある。その調子はいささかも一八世紀のものではない。この世紀の反抗の頂点を示す――サドやサン＝ジュストのような――もっとも激しく、ヒステリカルな声音とさえ違い、中世的ドグマの厚い壁の中に閉じこもって自由や革命の闘士に対抗した凝り固まった反動主義者の声とも異なっている。核心にある暴力の教義、暗黒の力の信仰、人間の自己破壊本能を矯正し、これを救済のために用いることを唯一可能にする鉄鎖の賛美、理性に反する盲目的な信仰への訴え、神秘的なものだけが生き残り、説明はいつでも弁解だという考え、血と自己犠牲の教義、民族の魂を河川が流れこんで一つになる広大な海にたとえる教え、自由主義的個人主義の不条理、そしてなによりも反抗的な批判的知識人の破壊的影響に対する批判――これらの旋律はたしかにわれわれが後になって聴いたものである。（時として見えすいた擬似科学的装いの下に与えられる）理論としてはともかく、実践においては、ド・メストルの深く悲観主義的なヴィジョンはわれわれの世紀の、左右両方の全体主義の核心である。

六

ド・メストルの哲学が担った課題は一八世紀の哲学者《フィロゾーフ》が説いた理性に対する全面的な攻撃にあり、少なくともフランスでは革命戦争の一つの結果として生まれた国民意識についての新しい感覚に負うところがあると同時に、バークにも、すなわちフランス革命と超時間的普遍的な諸権利に対する彼の非難、具体的なもの、慣習と伝統の拘束力についての彼の強調にも負っている。ド・メストルはイギリス経験主義、特にベーコンとロックの見方を槍玉にあげて軽蔑したが、イギリスの公共生活には渋々ながら賛辞を呈している。西欧の多くのカトリック理論家の場合と同様、彼にとってもそれはローマの普遍的真理から切り離された一つの地方文化であるが、本当の信仰をもつことなしに達成し得るものとしては最善に近く、残念ながらイギリス人の想像力ではいつも手の届かない完璧な精神的理念の世俗における最近似値である。イギリス社会が称賛に値するのはそれが一つの生活様式の受容のうえに成り立っており、それ自身の基礎をいつまでも再検討したりしないからである。制度や生活様式に疑問を呈するものはみな一つの答えを要求する。合理的議論を支えにして答えを与えてみても、その答えがまた同種の疑問に曝されるのは避けられまい。こうしてどんな答えも疑われ、信用を失うことをどこまでも免れぬであろう。

このような懐疑主義が一度認められれば、人間精神は落ち着きを失ってしまう。自らが提出する疑問に対する最終的解答が見えないからである。一度基本原理に疑問がさしはさまれると、恒久的なものは何一つうちたてられなくなる。疑いと変化は内と外からの解体腐食作用であって、生を余りにも危ういものにする。ドルバックとコンドルセがしたような説明は言い訳に過ぎず、何物をも確固とさせない。諸個人は止まるところのない懐疑に苦しめられ、諸制度は転覆され、別の生活形式に置き換えられるが、それもまたいずれ壊れる運命にある。もはや安定した場所はどこにもなく、いかなる秩序も、静穏で調和のとれた満足のいく生活の可能性もない。

確固としたものは何であれこうした攻撃から守られねばならぬ。ホッブズは、リヴァイアサンの支配をあらゆる義務の拘束から自由にし、これを絶対的で疑問をいれざるものにしたとき、たしかに主権の本性を理解していた。だがホッブズの国家はグロティウスやルターの国家と同じように人間がつくった構築物であり、世代が変わるたびに無神論者や功利主義者が持ち込む永遠の疑問から守られていない。その疑問とは、どうしてこのように生き、別の生き方をしないのか、どうして他の権威ではなくこの権威に服すのか、いや、あらゆる権威に服すのをやめてはなぜいけないのか、といった疑問である。一度知性がこういった厄介な問題を提起するのを許せば、これを止めることはできない。一度初動が始まればいかなる手段もなく、善に代わって腐敗が据えられる。

ド・メストルがバークの見方にある程度影響されたことはほとんど疑いがない。フランス革命の敵対者は誰でもこの偉大な武器庫から武器を引き出した。ド・メストルはバークを称賛しているとはいえ、この偉大なアイルランド人の反革命の著述家の弟子ではなかった。ド・メストルにはバークの用心深い保守主義や、簒奪者オレンジ公ウィリアムが敬虔なカトリックであったジェームズ二世からその正当な権利を奪った王位継承法に対する彼の賛辞はまったく無縁である。バークは妥協と調整を擁護し、生者と死者と未来の者との契約であるにしても、ある種の社会契約について語ったが、こうしたことも彼の趣味ではない。バークは神政論者でも絶対主義者でもなく、教皇至上主義者のド・メストルのように極端な命題を偏愛することもない。だが、バークの抽象観念批判、歴史的発展から切り離され、人間と社会をつくる有機的成長のプロセスから切り離された超時間的で普遍的な政治的真理に対する彼の批判、また伝統や社会組織、すなわち共同体と国家の内的な生命であり、社会を結合させそれに性格と力とを与える手に触れることのできない織り糸であるものを、人為的でとりはずしうる殻であるとみなしてこれから人類を解放しようというルソーのような人たちの主張に対する徹底した反対、こうしたものすべてをド・メストルは彼と共にしており、多分ある程度まで彼から引き出した。ド・メストルは面白がって彼を引用しているが、イエズス会思想の影響の方がはるかに強力であった。

ド・メストルは時には古典的な威厳と美――サント・ブーヴが「彼の比類なき雄弁」[44]と語ったもの――にまで達する言葉で、合理主義的な、あるいは経験的な説明は実際罪の仮面であると宣告する。というのも宇宙の中心には底知れず暗い一つの神秘があるからである。社会生活を律するあらゆる偉大な生きた力、強く豊かで大きいものが弱く貧しく小さいものに揮う力、征服者と聖職者、家と教会と国家の長に等しく属する、服従を強制する権利、これらのものの権威はこの摩訶不思議な源泉から流れ出ており、しかもこの泉の生命力はまさに理性による究明を許さぬ点にある。「まったく簡単に言ってよいのだ。王様の命令とあれば行進しなければならぬと。[45]」このような権威はこれに疑問を容れる手段がないがゆえに絶対的であり、これに逆らう術がないがゆえに全能である。宗教が理性に勝るのはそれが理性よりも説得力のある答えを返すからではなく、いかなる答えも返さないからである。それは説得も議論もせず、命令する。信仰は盲目であるときにのみ真に信仰である。一度正当な根拠を求めれば、信仰はおしまいになる。

宇宙の中で強力で恒久的で実効的なものはすべて理性を超え、ある意味ではこれに反している。世襲王政、戦争、結婚、これらは弁護することができず、それゆえ、なくすべきだという論駁も不可能であるからこそ、永続する。非合理性は理性がやろうとしてもできない形で存続を保障されている。ド・メストルの奇怪な逆説はすべて、彼の時代にあって並はずれて新しかったこの命題の発展である。

ド・メストルの教説は彼以前の宗教の擁護者による(たとえばイリューミニスト諸セクトや彼お気にいりの近代における神秘主義者サン＝マルタンによってなされた)合理主義および懐疑主義への攻撃と明白な類似性をもっている。しかしド・メストルの教説はその激しさにおいてのみならず、神政的な生の概念においては、許容はできるが弱点、少なくとも難点として許されていたに過ぎないものを一つの美徳にしたてあげる点で以前のものとは異なっている。彼は聖トマスや一六世紀の偉大な神学者からインスピレーションを得ていると言明しているが、その教説は彼らの修正合理主義から初期教会の大胆で絶対的な非合理主義に立ち帰るものである。ド・メストルはたしかに神の理性を語り、摂理について語り、万物は究極のところ摂理によって、人の推し量り得ぬ仕方でつくられるものだとしている。けれども彼にとっての神の理性はおよそ一八世紀の理神論者が訴えるもの――理性は神が人に植え付けたものであるとし、ガリレオとニュートンの画期的勝利の源泉となった考え——すなわち、温情ある専制君主や主権を有する賢明な合議体がつくった計画に従って合理的幸福をつくりだすための道具ではない。ド・メストルの神の理性の観念は超越的で、それゆえ人間の目から隠されているある働きのことである。それは単なる人間的手段によって得られるいかなる知識からも引き出すことはできない。神の啓示したもう世界に足を踏み入れた経験があり、したがって、神の摂理の道筋や目的は理解できないにしても、それによって決定されるものとしての自然と歴史から学ぶことのできる人々には、これを垣間見ることが許されるかもしれない。そうした人々は信仰をもつがゆえに動揺を感じない。人間的範疇を神の力に適用する愚かさを知るだけの叡知があるから彼らは疑問を発したりしない。なによりも彼らはあらゆる物事を説明する一般理論を探し求めない。科学が確立する一般原理ほど真の叡知にとって致命的なものはないからである。

ド・メストルは一般原理とその応用にともなう危険(フランス啓蒙《リュミエール》はこれを大部分無視した)について非常に透徹した、驚くほど現代的な見方をしていた。理論的にも実践的にも、彼は文脈の相違、主題や歴史状況や思考のレベルの違いに異常に敏感であり、言葉と表現が使い方次第で変わるそのニュアンスの違い、また思考と言語の多様性と両者の不一致について並はずれて鋭い感覚をもっていた。彼にとって各専門分野はそれぞれ固有の論理をもつものであり、神学に自然科学で妥当する基準を適用したり、歴史に形式論理学で使われる概念を用いるのはばかげた結論に導かざるをえないと彼は繰り返し言っている。それぞれの領域には固有の信仰形式があり、固有の証明法がある。普遍的論理というものは、普遍的言語と同じように、絶えざる緩慢な沈澱過程を通じて蓄積された豊かな意味を使用する象徴から落としてしまう。そのような沈澱過程があるからこそ、古い言語はただ時が経過するだけで、昔からある永続的な制度に固有の美しく神秘的な属性を身につけ、豊かにされるのである。われわれが使う語の正確な連想と含意とを分析することは不可能であり、連想と含意を捨て去ることは自殺に等しい狂気の沙汰である。それぞれの時代には固有のヴィジョンがある。過去をわれわれの時代の価値観で説明すること、まして裁くことは歴史を無意味なものにするであろう。そして実際しばしばそうされてきた。

ド・メストルはこれをバークとヘルダーとシャトーブリアンを想い起こさせる言葉で語っている。「キリスト教の歩みは昔からずっと神的なものであり、このためその動きは緩やかであった。というのもおよそ正しい事業というものはどんなものであれいつも目に見えぬ足取りで進むものだからである。騒音や、騒ぎや、焦りに出会うとき」、転覆し、吹き飛ばそうとする邪悪な試みに出会うときには常に、「犯罪か狂気が働いているに違いないと思ってよい。主は動揺されない。[46]」いかなるものも生長し、すぐれたものの恒久的なもので一夜にして完成されたものはいまだかつてない。あらゆる即席の産物はそれ自身の衰えを速やかにもたらす種を内に蔵しており、革命の本質的な罪はいつでも、魔法の杖の一振りで物事を変えようと試みる点——突然にかつ激しく変更すること——にある。どんな国も民族も結社もそれ自身の伝統を有し、それは他へ輸出できるものではない。たとえばスペイン人は英国の憲法を採用しようとして深刻な誤りを犯しつつあり、ギリシャ人は一夜にして民族国家になり得ると考えることで誤りを犯しつつある。ド・メストルの予言にはおかしいくらいの誤りとなったものもいくつかある。たとえば、彼はワシントンのような都市は決して建設されず、仮に建設されても、決してワシントンとは呼ばれないだろうし、仮にその名をもつとしても、決して議会の所在地にはならないだろうと明言している。[47]

抽象は社会に劣らず自然界においても致命的である。ド・メストルは百科全書家が自然という名で顕彰したすべてを満たしすべてを説明する実体を嘲弄する。「自然というこの女はいったいどういう女だろう。[48]」自然はあらゆるよきものを供給する情け深い存在とか、あらゆる生命、知識、幸福の根源であるどころか、彼にとっては一つの永遠の神秘である。その振舞いは残酷で、その姿は残忍で、苦痛と混沌に満ちている。人には究明しえない神の目的に仕えるものであり、人を楽しませ、人を開明することは滅多にない。

一八世紀は高貴な野蛮人の素朴な美徳に対する賛歌に溢れている。ド・メストルはわれわれに、野蛮人は高貴どころか人間以下で、残酷、自堕落で獣のようだと教える。一度でも彼らの中で暮らしたことのある者は彼らが人類の屑であることを証言できる。文明のために西洋諸国はそこから逸脱してしまった自然の好みと自然の道徳の堕落せざる原型、その初期のお手本であるどころか、神の創造のプロセスにおいて捨てられたモデル、その犠牲者であり、できそこないである。これらの人々のもとへ遣わされたキリスト教の宣教師たちはこれまで彼らについてあまりにも好意的に語りすぎた。こうした善良な聖職者たちが、野蛮人が実際その中にある汚濁と悪習と同じものを神の造られたなにものにも見出し得なかったからといって、このような成長が止まった事例をわれわれの従うべきモデルとするいわれはない。ルソーとその追随者はいったい何をなせとわれわれに要求するのか。ド・メストルはモンテスキューの有名な言葉を繰り返す。「野蛮人は果実を食べるために樹を切り倒す。宣教師がくれた荷車から牛を外し、車の木を使ってその肉を料理する。三世紀経ってなお、野蛮人がわれわれから欲しがるのは人を殺すための粉と自分を殺すきちがい水だけである。盗人猛々しく、残酷で自堕落な野蛮人は、なるほどわれわれとは異なっている。われわれは少なくとも自分の本性を克服しなければならないが、野蛮人はその本性に従う。犯罪は彼の生まれながらの好みであり、彼はいかなる後悔も感じない(49)。」これに続いてド・メストルは野蛮人の生活に典型的な楽しみを列挙して読者をぞっとさせる。親を殺し、仲間の腸を抉り、頭髪を剃ぎ、人肉を食い、猛烈に酒色に耽ることなどがそれである。では神が野蛮人をつくられたのは何の目的のためか。われわれへの警告のためである。人がどれほど深い堕落に堕ち得るかを示すためである。野蛮人の言語は始源がもつ原初的な力と美を有してはいない。ただ衰弱の混乱と醜さがあるだけだ。それは「滅びた昔の言葉の残骸(50)」である。

野蛮人がそこに生きているといわれるルソーの自然状態、また野蛮人も承認するはずと考えられ、その名においてフランスとヨーロッパが残忍な殺戮に駆りたてられた人間の諸権利といわれるものについていえば、いったいこれはどういう権利だろうか。どういう人間に固有なのだろうか。いかなる形而上的な目、いかなる魔法の目も、何らかの特定の人的ないし神的な権威から引き出されない権利というような抽象的実体は探しだすことができない。自然と呼ばれる婦人がいないのと同様に、人間という名の被造物も存在しない。それでも革命はなされ、言語道断の暴虐の数々がこの空想の名の下に行なわれた。

四、五世紀も前なら(とド・メストルはロシアについての覚書の中で書いている)、教皇が一握りのうるさい法律家を破門すれば、彼らは赦しを乞いにローマに行ったであろう。そして他方で大領主が少数の反抗的な小作人[51]を抑えつければ、すべては秩序どおりに収まっていたであろう。現代では、社会の二つの錨——宗教と奴隷制——が一度にわれわれを見離し、船は嵐に運び去られて難破してしまった[52]。

ローマ教会の権威がしっかりと確立されたとき初めて奴隷制を廃止することが可能になり——事実廃止されたのである。

合理主義は無神論、個人主義、無政府状態に導く。社会組織は人々が自然の上位者を承認するからこそ固まるのであり、人々が従うのは、どんな合理主義哲学も説明しきれぬ、自然的権威についてのある感覚を彼らが感じるからである。国家なくして社会はあり得ず、国家は主権という最高の法廷なしにあり得ない。主権は無謬性なしに、無謬性は神なしにあり得ない。教皇は地上における神の代理人であり、あらゆる正統な権威は教皇から引き出される。

これがド・メストルの政治理論であり、反動的で反啓蒙主義的な思想に、そして最終的には後の時代のファシズム思想に圧倒的な影響を及ぼし、伝統的な保守主義者や聖職者の不安の種ともなった理論である。より直接的にはそれは著しく教皇至上主義的で反国家主義的なフランスの権威主義思想と、そしてフランスのみならずスペインとロシアにおける反政治的な神政主義の諸運動を鼓舞した。神の権威についての彼の概念は深く反民主主義的であるだけでなく、個人の自由と社会経済的平等、そして人間の友愛のもろもろの政治的含意に完全に対立するものである。たしかに彼ならば、メッテルニッヒの言とされる「もし私に兄弟があったとしても、私は従兄と呼んだであろう」というセリフに共鳴したかもしれない。カトリック自由主義は彼にはばかげたもの、いや、自己矛盾であると思われたであろう——教皇主義の古い同盟者ラムネの中にあったこの傾向の種子は晩年の彼を心配させた。ブランデスの適切な見解によれば、自由主義者たちにとってド・メストルは、彼らの存在があげて反対するもののすべてをもっとも豊かに花開かせた典型であるが、それは彼が過去に生きているとか過ぎ去った文明の遺物にしがみついているという意味で反動的だったからではなく、反対に、彼が自らの時代を余りにもよく理解し、当時最新のあらゆる武器を動員して、時代の自由主義的諸傾向と積極的に戦ったからなのである。

人類のもっとも危険な敵——あらゆる社会の基礎を侵蝕することを目的とし、仕事とする破壊者——はプロテスタント、すなわち普遍教会に歯向かうものである。ベール、ヴォルテール、コンドルセは偉大な破壊者——ルターやカルヴァンとその追随者——の世俗における力のない弟子にすぎない。プロテスタンティズムは、あらゆる権威の唯一の基礎である盲従に対する個人の理性あるいは個人の信仰の、また良心の反抗である。したがってそれは根底《オーフォン》において政治的な反乱である。司教なくして国王なし。カトリック教徒はいまだかつて主権者に反逆したことがない、プロテスタントだけがそうしたとド・メストルは『プロテスタンティズムについての省察』の中で宣言している(53)。この驚くべき主張は次のような奇怪な詭弁に支えられている。すなわち、コンスタンティヌス帝以後、国家と教会は一つであり、したがってカトリック教徒による反逆行為——たとえば熱狂的カトリック信者による異端の支配者の暗殺——は真の権威に対する反逆行為ではなく、簒奪者に対するものだというのである。スペインの異端審問はたんに真の信仰を守るだけでなく、それなくして社会が存続し得ない最小限度の安全と安定を維持する一つの手段であった。異端審問は、彼の見るところ、従来かなり誤解されてきた(54)。たいていの裁判例において、それは穏やかで温情ある再教育の手段であり、多くの魂を悔い改めさせ、真の信仰に引き戻したのであった。それはスペインをフランスやイギリスやドイツの破滅的な宗教紛争から救い、それによってこの敬虔な王国の国民的統一を保護した。(これは行き過ぎであった。ド・メストルの弁明はフェリペ二世を喜ばせただろうが、教会の政策のもっとも熱心な主唱者の間にさえあまり反響を呼ばなかった。)聖職者の権威への挑戦が成功を収めたことは三十年戦争がドイツにもたらした流血と混沌の一因である。いかなる国も教会に反抗して偉大な事業をなすことはできない。ここからナントの勅令の撤廃が愛国的観点だけから正当化される。「優れた時代には、すべてが優れている。ルイ一四世の大臣、大官は、彼の将軍や絵描きや庭師が各自の領域で偉大であったのと同様に偉大であった。[……]われわれの哀れな時代が迷信、狂信、非寛容などと呼ぶものはフランスの偉大さの必要不可欠な成分であった。(55)」カルヴィニズムはこの偉大さの敵の中でももっとも危険なものであった。だがフランスではそれは少しずつ基盤を失い、ついに倒すことができた。それが倒れたとき、犬一匹吠えなかった。この行為によってフランスは有能な職人を失い、彼らは亡命してその技術で外国を富ませたと言う輩に対しては、このような店屋(boutiquières)の考えに動かされる連中には、「私の本とは別のところに答えを探させ(56)」よう。

ジャンセニストも大してましではない。ルイ一四世はポール・ロワイヤル修道院をぶち壊し、その跡に荷車を転がさせ、「以前は悪い本しかできなかった場所に立派なとうもろこしを作らせた。(57)」パスカルについては、ド・メストルは彼がポール・ロワイヤルに負っていたものは何もないと決めつけている。異端は絶滅されねばならない。中途半端は十分な手を打たなかったその人の身につねにはねかえるであろう。「ルイ一四世はプロテスタンティズムを踏みつぶしたが、十分に長生きした末に、ベッドの上で栄光につつまれて死んだ。ルイ一六世はこれを甘やかして、断頭台で死んだ。」(58)「どんな制度も、もしそれが人の力にだけ頼るならば、確固たるものでも持続的なものでもない。歴史と理性は一致してあらゆる偉大な制度の根拠が現世の外に見出されるべきことを示している。〔……〕とりわけ主権は、それが宗教によって聖化《ディヴィニゼ》される度合いに応じてのみ、力と統一と安定を得る。」(59)

ド・メストルは自分が戦っているもろもろの価値について独特の把握をしていた。不信心ほど誤りやすい規準はない、と彼は述べている。それが何を憎んでいるか、何がそれを怒らせているのか、それはいつも、またどこでもいったい何に対して、怒りに燃えて攻撃を仕掛けるのか、これらを見なければならない。それは真実に対してであろう。アナトール・フランスが彼について用いた言葉で言えば、彼は「彼の世紀全体の敵」(60)であった。このような行動は反動ではなく反革命であり、受動的ではなく能動的で、過去を再生する無駄な試みではなしに、未来を過去についての一つのヴィジョンに隷従させようとする、驚倒すべき現実的努力なのである。しかもそうした過去のヴィジョンは純粋に空想的どころか、同時代の出来事についての陰鬱なまでにリアリスティックな解釈に深く根拠をおいているのである。

ド・メストルはシャトーブリアンやバイロンやビュヒナーやレオパルディがそうであった意味におけるロマン主義的悲観論者ではなかった。彼にとって世界の秩序は混沌たるものでも不正なものでもなく、信仰の目で見てかくあるはずの、かくあるべきものであった。なにゆえに正しい者がパンを失い邪悪な者が栄えるのかといつの時代にも尋ねる人々に対して、これは神の法の何たるかについての子供っぽい誤解に基づくものだと彼は答える。「何事も偶然には進まない［……］すべてに規則がある。(61)」一つの法があるとすれば、それは例外を許さない。もし一人の善人が不運に遭うとしても、神がそれなくしてはすべてが混沌に帰してしまうもろもろの法を一人の個人の利益のために変更するとは期待できない。ある男が痛風もちだとすれば、彼は不運だが、だからといって彼が自然の諸法の存在を疑うに至るわけではない。それどころか、彼が頼る医学自体、自然の諸法を前提している。一人の正しい人間が災難に遭ったとしても、それもまた宇宙におけるよき統治の存在を疑う理由にはなんらならない。法が存在するからといって個々の不幸を防ぐことはできない。いかなる法も個別的なケースに合うように適用することはできない。そんなことをすれば法ではなくなってしまうからである。この世には一定の量の罪があり、それは全体としてそれに見合った量の受難によって償われる、これが神の原理である。だが人間的正義や合理的衡平が神の行為を支配しなければならぬとは、つまり個々の罪人一人一人が罰せられねばならぬとは、少なくとも現世において罰せられねばならないとは、なにものも語っていない。悪がこの世にある限り、どこかで血が流れるであろう。罪なき者の血も罪ある者の血もどちらも摂理が罪深い人類を贖うやり方なのである。罪人に代わる必要があるならば、釣り合いのとれるまで無実の者が殺戮されるであろう。これがド・メストルの神義論である。これがロベスピエールの恐怖政治を説明し、世界におけるあらゆる不可避的な悪を正当化する。

ド・メストルの名高い犠牲の理論はこの公理に基づいており、この公理によれば、責任は個人ではなく集団にかかるのである。われわれは皆互いに罪と受難とを負い合っている。それゆえ、父の罪は否応なく子供たちのうえに、たとえ個人として罪はなくともはねかえる。他にはふりかかるものがないからである。邪悪な行為は現世においてすらいつまでも償われずにはいない。それは自然界において不均衡状態が無限に続かないのと同じである。ド・メストルは「歴史に二つの要素しか見なかった」とラムネは後年悲しげに言った。「一方には罪、他方には罰を。彼は寛大で気高い魂を備えていたが、彼の書いた本はみなまるで処刑台の上で書かれたもののようである。」(62)

七

プロテスタンティズムは人類の統一を破り、混沌と災厄を生み、社会を解体した。一八世紀の哲学者はこの病《マレーズ》の一つの治療法として人間の諸生活を一つの合理的計画に従って規制することを推奨した。だが計画はまさにそれが合理的であるがゆえに、計画であるがゆえに失敗する。戦争は人間の活動の中でももっとも明白に計画されるものの一つである。だが一度でも戦場を見たことのある者なら、将軍の発する命令がそこで起こることを決定するとは誰一人主張し得ない。将軍もその部下も何が起こっているかとても言うことはできない。銃声、混沌、負傷者や死にゆく者のうめき声、手足を切られた胴体――「五、六種類もの興奮」(63)――要するに、暴力と無秩序が余りにも大きいのである。勝利を将軍たちの賢明な作戦に帰するのは生を構成する要因を知らぬ者だけである。勝利を収めるのはどちらか。味方の優勢を曰く言いがたい感覚で信じきる側である。軍隊も将軍も味方と敵との死傷者の比率がどれほどになるか言うことはできない。「想像力を働かせれば戦いに負ける。」(64)勝利は物理的な出来事というより、信仰の神秘の働きに依存する道徳的、心理学的な出来事である。注意深くめぐらされた計画の帰結でも、弱々しい人間の意志の結果でもない。

戦いはいかに戦われ、勝利はいかにして得られるかについてのド・メストルの観察は、『夜話』の有名な第七会話に含まれているが、おそらくそれは、戦場では混沌が避けられず、布陣した想定どおりにはいかないという、彼が繰り返しとりあげるテーマのもっとも巧妙で、もっとも生き生きした定式となっている。このテーマこそ後にスタンダールが『パルムの僧院』で描いたワーテルローの戦場におけるファブリスの描写にあのように大きな役割を果たしたテーマであり、さらに、トルストイ(彼がド・メストルを読んだことは知られている)が『戦争と平和』において展開した人間行動の理論に圧倒的な影響を明瞭に与えたものである。そして実際それは、生一般についてのド・メストルの教義であり、トルストイもまたこれを共にしたのである。生はゾロアスター教的な光と闇との闘争ではない。民主主義者、合理主義者にとっては教会が闇であり、逆に信心深い権威主義者にとっては無神論の邪悪な力にこそ闇が存するのだが、いずれにしても生は彼らが考えるような光と闇との戦いではなく、終わりなき戦場の見通しのない混乱こそ生の姿であり、人は神が宇宙を導く神秘の掟の下、そうせざるを得ないがゆえにこの戦場で戦い続けるのである。結果を決めるのは力でも理性でも、徳でさえなく、歴史的存在全体が織り成す筋の推し量れぬドラマの中で個々の人間や民族に割りふられた役割である。しかも、われわれにはせいぜいのところ、このドラマで自分に与えられた役のごく小さな断片しか把握することができない。ドラマの全体を理解したふりをするのは怠惰な愚行であり、ましてわれわれがより優れた知恵によってこれを変更し得ると想像するのは狂気の沙汰である。信ぜよ、そして、主が地上におけるその代表を通じて命ぜられるところを行なえ。

「体系にとらわれて自分を見失うまい！」[65] 彼は自然諸科学となんらかの関連を主張するどんな方法に基づく体系にもとりわけ反発する。ド・メストルにとって科学はその言語からしてなにかしら堕落したものである。そして、はなはだ予言的なことだが、言語の堕落こそ一国の人民の堕落のもっとも確かな徴であると彼は言っている。[66] ド・メストルの言語についての関心と観念はとびきり大胆で鋭く、その行き過ぎた点においてすら、二〇世紀思想を先取りしている。彼のテーゼは、あらゆる古い安定した制度、王政や結婚や礼拝の制度と同様に、言語は神に起源を有する一つの神秘だというのである。言語を人間が工夫をこらして発明したもの、伝達を容易ならしめるために創られた一つの技術だと考える人々がいる。そうした理論家によれば、思考は象徴なしに考えだされることになる。われわれはまず考え、然る後に思考を言い表わすのに適当な象徴を、まるで手に合う手袋を求めるように見出すということになる。この理論は一般の人が抱く理論であり、われわれの時代に至るまでは大半の哲学者もいささか無批判にこれを支持してきたが、ド・メストルとボナルドの二人、特に後者はこれを断固として斥ける。考えることは象徴を用いること、はっきりと言明された語彙を用いることである。思考とは口に出されていないとしても言葉である。「思考と言葉は二つのすばらしい同義語に過ぎない[67]」と、ド・メストルは宣言した。言葉——あらゆる象徴の中でいちばんありふれたもの——の起源はそのまま思考の起源である。人間が言語を発明した最初の瞬間などあり得ない。発明するためには人は考えねばならず、考えるということは象徴、すなわち言語を用いることだからである。一般に言葉の使用は思考の「使用」と同様に人為的に発明されるものではなく、両者は同じものなのである。そして発明し得ぬものはド・メストルにとって神秘的なものであり、神的なものである。

もちろん、人為の産物でないものは必然的に神に起源を有すると考えなくとも、思考と言語とを、生物学や社会心理学のような自然科学の対象となる一つの自然現象として同一視することに深遠な独創性を認めることはできるし、それは十分理にかなったことであろう。おそらく、この決定的な観念の種子は、ド・メストルも引用しているが、言語を「魂のそれ自身との語らい[68]」と言ったプラトンの『テアイテトス』の有名な比喩に見出されるであろう。だが、そうだとしてもこの種子は石ころだらけの土地に落ちた。

ホッブズはこの真理を再発見するのに他人の力を借りなかったようである。それはまたヴィーコの体系の核心近いところにある考えであり、ド・メストルはヴィーコの体系にも通じていたと報告されている(69)。

ド・メストルは言語の起源について一八世紀になされたもろもろの推測をからかいの種にして大いに楽しんでいる。彼の言うところでは、ルソーは人がいかにして最初に語を用いだしたかが分からず首をひねっているが、何でもお見通しのコンディヤックはこれについても、また他のどんな疑問に対しても答えを知っている。それによれば言語は明らかに分業の一つの結果として生まれたのである。ある世代の人々がバと言い、次の世代はべを付け加え、アッシリア人は主格を発明し、メディア人は属格を発明したという具合である(70)。このような皮肉はより狂信的な哲学者《フィロソーフ》たちの一部にみられる歴史感覚の猛烈な欠如に対してはまったく適切であった。だがド・メストルの理論の他の部分にはそれほどの正当性はなかった。言葉はそれ自体の思考と感情と見方を貯蔵し、それゆえわれわれの祖先を取り巻いていた外界を保存するものであるから、神から由来して経験を形づくる祖先の意識的無意識的な叡知を体現している。それゆえにこそ、古い伝承された文書、とりわけ記憶の彼方にある種族の叡知を表現し、それが出来事の衝撃を受けて修正され豊かにされていった様を語る聖なる書物のテキストは、専門的知識と熱意と忍耐を以て読めば、隠れた宝をたくさん引き出せる貴重な手がかりなのである。中世哲学は聖典の隠された意味を探し求め、解釈の仕方がこじつけだと笑われた。だが、ヴィーコやドイツのロマン主義者と同様、言語を人間の発明とみないド・メストルにとっては、中世哲学は隠された知識の深い探究であり、人類、少なくともキリスト教世界の集合的無意識を探る一種の精神分析に他ならない。秘匿された大きな宝が見出されるのは暗闇の中だけである。だから百科全書家が求める明確化は、ほとんど、言葉の中にあるすべての深く豊かなものを蒸発させる行為に等しい。それは言葉の美質を殺し、意味を奪ってしまう。もちろん、同じようにして占星術や錬金術を擁護することもできるかもしれない。そうしたところでド・メストルは驚かなかったであろう。彼は自然科学の方法には関心がなかった。彼が関心をもったのは幻視者スウェーデンボルクであり、自然現象の神秘的な説明である。同時代人、ウィリアム・ブレイクに劣らず、彼は近代化学や近代物理学の教科書よりも魔術的秘教の方に一層深遠な知恵が見出されるはずだという考えにすぐに賛同したであろう。[71] さらに、宗教的聖典の政治的価値こそはどんなに誇張してもしきれぬものである。

　思想はそのまま言語であり、一つの人民、一つの教会のもっとも古い記憶を祀っているものだから、言語慣用を改めることはあらゆる神聖なもの、賢明で権威あるものの力と影響を破壊することである。もちろんコンドルセなら、万国の開明された人々の間のコミュニケーションをより容易ならしめるために、一つの普遍的言語を欲するところであろう。そのような言語ならば、もろもろの時代を通じて蓄積された迷信と偏見を「浄化」することが可能であるし、そうなれば、幻想、すなわちコンドルセによれば今日神学と形而上学の名の下にまかり通っている幻想をそれが育てることもなくなるであろう。だが、これらの偏見と迷信とは何であろうか、とド・メストルは尋ねる。われわれはいまや彼の答えを予測できる。その起源は神秘に覆われ、その力は合理的に説明できないあの確信がまさにそれである。時間と経験の試練に耐え、過去の時代の円熟した叡知を秘めるあの古い信念と概念がそれである。これらを捨てることは一歩間違えれば死に至る荒れ狂う自然の中に舵なしで留まることである。そしてもっとも現代から遠いがゆえに最善で、もっとも内容豊かな言語は、教会の言語、人間に知られた最善の統治たる偉大なローマ国家の言語である。ローマ人と中世の言語がもてはやされるべき理由はまさにベンサムがこれを斥け、批判したその理由である。すなわち、それは明晰でなく、科学的使用に容易に馴染まぬがゆえに、また使われている言葉自体が記憶を超えた過去の目に見えぬ権威を宿し、救済がただそれによってのみもたらされる人間の歴史の暗黒と受難を引きずっているからである。ラテン語はそれだけでも精神の正しい在り方を保障する役にずっと立つであろう。固有の限界があるラテン語の語彙、近代性へのその抵抗力はこの働きにとって本質的である。オーウェルの『一九八四年』は言語の統制が生活の統制にとって本質的だというこの重大なテーゼの単なる残響に過ぎない。もっとも彼のエリートの目的とするところはド・メストルのそれとはいささか異なり、それが採用する手段も伝統的言語ではなく、人工的な、特別にしつらえた言語――まさにド・メストルの攻撃の対象――であるが。

ド・メストルはこの点と整合的に、唯一頼りになる教育者として、中世道徳に具現した真理を伝えるラテン語を用いるイエズス会士を擁護し、皇帝アレクサンドル一世がかつてロシア帝国のための一種のニュー・ディールを企てて力を借りたスペランスキーと一群の政治顧問たちを攻撃している。彼はこうした態度をさらに一層推し進めた。彼にとって非合理性はほとんどそれ自体として価値あるものである。というのも彼は理性の分解作用を受けつけぬものは何でも肯定したからである。合理的信仰には弱点があり過ぎる。優れた弁論家はそのような脆弱な基礎の上にあるどんな構造にも穴を穿つことができる。理性がつくるものは理性で壊すことができる。それゆえド・メストルのアクィナスへの訴えはまったく説得力がない。イエズス会の弟子としてそうする以外に手がなかったであろうが、彼が見た真理はトマス主義の視野の外にあった。すなわち、合理的な論法が完全に、また原理的に不適切で無意味である、そういうものだけが難攻不落だというのが彼の見た真理であった。ここでもまたトルストイとの間にある種の類似性がある。科学の専門家への信仰や進歩に対する自由主義者の信念、さらに特定して言えば、スペランスキーやナポレオンや学識あるドイツの軍事戦略家のように人間の意志と知力を信頼する人々に対する(後にはロシアのあらゆるインテリゲンチャにまで拡げられた)トルストイの冷笑的な態度はサンクト・ペテルブルクにおけるサルディニア国代表の態度に非常に近いものである。

ド・メストルはこれととてもよく似た議論を使って、社会の基礎を契約におく、彼の目には同様にばかげて見える理論を粉砕する。契約は約束とこれを強制する手段を前提すると、ド・メストルは的確に主張する。だが約束は既存の意識化された社会習慣がつくる精密なネットワークの枠内でのみ了解可能な行為であり、その中でのみ考えられる行為である。その上、強制装置は発達した社会構造の存在を前提する。契約状態に到達するためには、規則と習慣によって生きているというだけでなく、秩序と複雑さが既に相当の程度に達している社会が存在しなければならない。「自然状態」にある孤立した野蛮人にとっては、約束とか契約とか強制的法律その他の社会習慣はなにものをも意味し得ない。したがって社会は契約によってつくられ、その逆ではないと想定するのは歴史的のみならず論理的にもばかげている。ところがこれまで、プロテスタントだけが社会を銀行や会社のような人為的結社だと想定し得たのであった[72]。

ド・メストルはバークの影響をあらわに示して、社会は自己利益や幸福についての計算をもとに丹念につくられた人為的な結社ではないと、一度ならず感情を爆発させて言っている。少なくともそうした計算に劣らず、社会は自己犠牲に対する人間の生得で原初的で圧倒的な憧憬の上に、なんら報酬を望むことなく聖なる祭壇にわが身を投げ出そうとする衝動の上に築かれている。軍隊は命令に従って死地に赴くのであって、兵隊が個人的利害で動いていると考えるのはグロテスクであろう。そして軍隊に規律が不可欠であるように、組織的権力には程度の差はさまざまであれ、すべて服従が必要である。——服従は伝統的、神秘的、不可抗的な行為であって、異議を唱える余地がないものである。

この真理が曖昧にされ、否定されるようになったのはたかだかルネサンス以後のことに過ぎない、とド・メストルはわれわれに告げる。ルターとカルヴァン、ベーコンとホッブズ、ロックとグロティウス、これらの人々がウィクリフやフスのような昔の異端者の影響を受けてこの大きな誤りを宣伝してきたのであり、それによるとあらゆる権力と権威が人為的約束事のようななにか脆弱で恣意的なものに依存するというのである。フランス大革命は彼らの近視眼的楽観主義の誤謬を証明した。というのもそれはこのような理論と思想をいだいた人々に対する神の懲罰だったからである。社会は相互利益のための結社ではなく、矯正施設であって、ほとんど一つの行刑組織なのである。実際、それは理性によって治められてはいない。ところが、専制政治よりたしかにずっと合理的な民主政治は至る所で災厄を生んでおり、例外は称賛に値するイギリス人におけるように、それが法律に書かれず、ただ「感じられ」ているだけで権力の真の源泉となっている場合、つまり事実も論理も無視する浅薄な理論家がその上に社会を定礎したと称する契約そのものを民主政治が強制し得る場合だけである。

　重要なのは理性ではなく権力である。真空があるところにはいつでも権力が遅かれ早かれ入りこみ、革命の無秩序から新しい秩序を作り出すに違いない。ジャコバン派とナポレオンは犯罪者であり、暴君であろうが、しかし権力を握り、権威を体現し、服従を強要し、なによりも罰を下し、それによって無力で誤りやすい人々の遠心的傾向を制限している。したがって彼らの方が、有害な思想の行商人である批判的知識人より千倍も好ましい。知識人は社会の構造を壊し、あらゆる生命過程を断ち切るので、ついには非合法ではあっても歴史の要請に応えるなんらかの力が立ち上がって彼らを一掃するに至る。

あらゆる権力は神に由来する。有名なパウロのテキスト〔「人は皆、上に立つ権威に従うべきです。神に由来しない権威はなく、今ある権威はすべて神によって立てられたものだからです。」『新約聖書』「ローマの信徒への手紙」一三―一、『新共同訳聖書』の訳文〕についてのド・メストルの解釈はまさに字義どおりである。あらゆる力は尊敬に値する。あらゆる弱さは、どんなところにある弱さでも、蔑視さるべきである。たとえ「天国の次に美しい王国」[73]の聖別された君主――フランスのルイ一六世――の行為でもそうである。ジャコバン派は無頼漢で人殺しだが、恐怖政治は権威を再建し、フランスの国境を守り、さらにこれを拡げた。それゆえ、彼らの方が、権力をしっかり掌握せずにとり落としたジロンド派の自由主義者、理想主義者より究極的価値序列の上で高い位置を占める。たしかに正統な権威だけが有為転変に耐えて残るであろう。真の教会の永遠の法によって聖化されないたんなる征服は強盗行為である。「時計や煙草いれを盗むのと同じように町や地方を盗むことはもはや許されない[74]。」そしてこの点は一八一五年の国境画定者たちについてもフリードリヒ大王やナポレオンの場合と同様に正しい[75]。ド・メストルはむきだしの軍事的支配を繰り返し弾劾している。「戦争の技術の分野でなにかが完成されることは、その都度、純粋かつ端的に一つの不幸である[76]。」軍事政府を彼は（彼自身のサヴォアのそれをも含めて）バトノクラシー[77]、つまり指揮棒の支配と呼び、それは「時代の悪夢[78]」だとしている。「私はこれまでずっと軍事政府を嫌ってきたが、今も、また今後も生きている限り嫌うであろう。[79]」彼が嫌う理由はそれが恣意的で、国王と古い諸制度の権威を弱め、革命やキリスト教の伝統的諸価値の転覆を招くからである。[80]それにしても、混沌状態こそが脅威であるような瞬間がある。そうした時には最悪の政府といえども無政府状態よりはましであり、それどころか、もっとも仮借ない専制だけが社会の解体を抑止し得る。この点で彼はマキアヴェッリやホッブズと、そして権威をそれ自体として擁護するすべての人々と見解を同じくする。

革命——最大の悪——はそれ自体、邪悪を罰し、受難を通じてわれわれの堕落した本性を生まれ変わらせるために神が置かれたプロセスであり（われわれは一九四〇年にペタンとその支持者たちがフランスの敗北に施した神学的解釈を想起させられる）、歴史における他の大きな諸力と同様に神秘的な過程である。したがって「人間が革命を指導するのではなく、革命が人間を操る。[81]」実際、革命はこの上なく下劣な人物を道具とすることがある。——ロベスピエールの「悪魔的天才のみがこの驚異（対仏同盟に対するフランスの勝利）を演じ得た。［……］血と成功に酔ったこの力ある怪物、この恐るべき現象こそ［……］フランス人に下された恐ろしい劫罰であると同時に、フランスを救う唯一の手段であった。[82]」彼はフランス人を暴力の極点にまで駆り立て、その心を無慈悲にし、断頭台の血で狂わせ、ついに彼らは狂人のように戦って敵を一人残さず壊滅した。だが革命がなかったならば(ロベスピエールの徒輩は自分たちが革命を為したと不遜にも考えるが、彼らが革命を為したのではなく、革命が彼らをつくりだしたことは明らかである)、ロベスピエールは以前のままの凡人だったであろう。

　権力を握る人間は自分がいかにして権力を握るに至るかを理解しない。自分の力は他の人々以上に彼ら自身にとって謎である。偉大な人間が予測も支配もできぬ状況がすべてを彼のために、彼の力を借りずに行なう。——これが「人間の計画と共に働く秘密の力」(83)、摂理、ヘーゲルの理性の狡知である。ところが人間には虚栄心があって、神がこの世を統べる動かし難い法を自分の意志で破れると空想する。民主主義に対する信仰の根幹にあるのは、無力にもかかわらず、自己欺瞞で増長した人間のこの妄想であると、ド・メストルは飽きるほど繰り返している。自分自身の知恵と力を誤って意識し、他人や制度の優越を認めるのを頑に拒んだことが人間の権利を宣言したり自由についてごたくを並べる笑うべきがらくたを生みだす。「人は自由に生まれたと言う者は誰であれなんの意味もない文を口にするものである。」(84) 人とは彼がいまあり、かつてあったとおりのもの、彼がいま為し、かつて為したことそのものである。人が本来あるべき姿でないと言うのは正気を害なう言い草である。われわれは歴史に聞かなければならぬ。歴史こそ「政治の実験場」、すなわちこの主題について唯一信頼の置ける教師だからである。「歴史は決して真実の逆をわれわれに告げることがない。[85]」一つの本物の実験は一〇〇巻の抽象的思弁を吹き飛ばす。[86]

ところが人民の自由と民主主義の観念はそうした根拠のない抽象に基づくもので、経験の支持も神の啓示の支持もない。もし権威が正当に属すべき場所——教会と「神聖化された」君主制——に権威を認めないとすれば、人は人民の暴政という最悪の暴政の軛に繋がれるであろう。自由の名において反乱を起こす者は暴君となって終わる、とボナルドは(ボシュエを引用し、半世紀後のドストエフスキーに反響を残して)言った。ド・メストルはただ、ルソーの諸原理を信奉すれば、不可避の帰結として、人民は主人に次のように言われる状況に導びかれると付け加えただけである。「「諸君はこの法律を望んでいないと思っているが、実際には諸君はこれを望んでいるのだとわれわれは請け合う。それでもこれを斥けるならば、われわれは諸君を銃殺して、諸君がたしかに望んでいるものを望まなかった廉で諸君に罰を下すであろう。」そして、その後で実際そうするのである。[87]」適切にも「全体主義的民主主義」と言われるようになったものをこれ以上明断に定式化した例はおそらく未だかつて口にされたことがない。数多くの科学者が断頭台の露と消えたとしても、それはただ彼ら自身の責任であると、ド・メストルは冷笑を浴びせて言っている。(88) 彼らをその名において殺した観念は彼ら自身の観念であった。そうした観念は権威に対するあらゆる反抗と同じく、その生みの親を滅ぼすのである。

思想の自由な交流に対するド・メストルの激しい憎悪とあらゆる知識人に対する彼の侮蔑は、たんなる保守主義でも、彼が育った教会と国家への正統信仰や忠誠でもなく、それらよりずっと古く、同時にまたずっと新しい何か――異端審問の狂信的な声の残響であると同時に、現代の戦闘的な反合理主義的ファシズムのおそらくもっとも早い時期の旋律を響かせているなにものかである。

八

ド・メストルのもっとも鋭い文章のうちにはロシアについて書かれたものがあり、彼はその地で生涯でもっとも創造的な一五年を過ごしている。(89) アレクサンドル一世は一時彼を秘密の政治顧問として用いたことがあるが、ド・メストルが皇帝に提供した所見と助言は、明らかにロシアそのものを超え、同時代のヨーロッパ全体に適用するつもりのものであった。彼はその政治的警句で有名になり、ことに皇帝が自由主義に傾いた時期が過ぎると、彼の警句はアレクサンドルとその政治顧問たちのおおいに好むところとなった。「人は一般に一人になると邪悪に過ぎて自由ではおられぬ[90]」とか、「いたるところ少数者多数者を指導する、なぜなら、多少とも強力な貴族制なしに公的権威は目的を果たし得ぬから[91]」というような箴言はサンクト・ペテルブルクの貴族的サロンでおおいに気に入られたはずで、彼の名は同時代のロシア人の回想録に肯定的に言及されている[92]。

ド・メストルのロシアについての観察は並はずれて刺激的である。最大の危険はアレクサンドルの開明的な政治顧問たちがとり返しのつかぬ形で推進した自由主義と科学の奨励に由来する。ロシア正教の俗人の指導者、アレクサンドル・ゴリツィン公（一七七三―一八四四。一八〇三年以後、アレクサンドル一世の下で宗務総監を務めた保守派の指導者）に当てた書簡で、彼はロシア国家の安定を脅かす三つの危険の源に言及している。第一に自然諸科学の教えに刺激された懐疑主義的探求の精神、第二に、万人は自由平等に生まれ、すべての権力は人民に存すると宣言して、自然権として権威に対する抵抗を誘発するプロテスタンティズム、そして最後に農奴の即時解放要求である。いかなる主権者も宗教か奴隷制の助けを借りずに数百万の人間を統治し得るほどの力はもたない、と彼は明言する[93]。キリスト教以前には、社会は奴隷制の上に安らっていた。それ以後は宗教の権威――聖職者による統制――の上に安んじてあり、だからこそ奴隷制を廃絶し得たのである。だがロシアでは、そのビザンチン的起源により、またタタール人の支配とローマからの分離のために、教会に権威が欠けている。したがってロシアで奴隷制が存在するのはそれが必要とされ、皇帝もそれなしには支配し得ないからである。(94)カルヴィニズムが拡がればロシア国家の基礎を掘り崩すであろう。自然科学は、世界の一部を既に焼き尽くし、止めるものがなければいずれ全体をなめつくしてしまうであろうあの燃えるような高慢の炎を、まだ(火のつきやすいロシアでは)燃え上がらせていない。(95)教育者の目的は、神は人間を社会のために造られ、社会は政府なしに存し得ず、政府はまた臣下の側に服従と忠誠、ある種の義務感を要求するという知識を伝授することである。ド・メストルは一連の個別的指針の形に助言を具体化している。(96)弊害は正せ、しかしできる限り農奴解放を遅らせよ。平民の授爵には慎重であれ――これは影響の大きかった書物『古く新しいロシアについての覚書』における歴史家カラムジン〔ニコライ・ミハイロヴィチ。一七六六―一八二六。フリーメーソン思想から出発したが、フランス革命批判から保守化しロシア民族主義に転じた作家、歴史家。『覚書』はエカテリーナ・パヴロヴナ大公夫人のために一八一〇年に書かれたものだが公刊は一八六一年〕の精神に一致しており、この書はスペランスキーと彼の改革への熱意に疑問を呈するものであった。富裕な地主を後押しし、個人的才能を伸ばしめよ、しかし商業を奨励してはならぬ。科学を制限し、ローマ的、ギリシャ的諸原理を育てよ。ローマ・カトリックを保護し、可能な場所ではどこでもイエズス会の教師を活用せよ。何でもやらかしかねない外国人に地位を与えるのを避け、どうしても外人教師を雇わねばならぬなら、せめてローマ・カトリック教徒にせよ。これらの助言は反西欧派の保守主義者に非常に歓迎された。サンクト・ペテルブルク学校区の視学官であったウヴァロフ伯〔セルゲイ・セミョーノヴィチ。一七八六―一八五五〕は優れた生徒であることを証明し、一八一一年に彼の監督下にある学校から哲学、経済学、美学、商学を追放した。後には教育相として悪名高き三つのスローガン――正教、独裁、民族性――を宣言したが、それは同様の原理が大学や教育制度全体に適用されることを示していた。このカリキュラムは事実ロシアでその後――アレクサンドル一世の治世の中葉から一八六〇年代におけるアレクサンドル二世による諸改革まで――半世紀にわたって厳格に守られた。それは八〇年代、九〇年代に、宗務院（つまり教会）の名高い宗務総監〔コンスタンチン・ペトローヴィチ・ポベドノスツェフ。一八二七―一九〇七。アレクサンドル三世、ニコライ二世の師傅、一八八〇年以後宗務総監として保守反動の中心人物と目された〕によって深い郷愁の目で見られたものである。

もし国民に自由を認めるならば、ロシアは失われる。彼の言葉はこうである。

ロシア人の欲望を砦に閉じこめ得たとしても、それは砦を吹き飛ばすであろう。

ロシア人ほど情熱をこめて何かを欲する者はいない。〔……〕ロシアの商人は、下層階級のものでさえ、観察してみれば、自分の利益をどれほどよく知っていて、いかに利に敏いか分かるだろう。彼がこの上なく危険な仕事を行なうのを、とりわけ戦場でこれを行なうのを見よ。どんなに彼が勇敢になり得るか分かるであろう。三六〇〇万ものこの種の人間に対して自由を与える気になり、実際そうしてしまったなら——この点はいくら強調しても足らないが——たちどころにすべてが燃え上がり、ロシアは焼き尽くされるであろう(97)。

そしてまた、

これらの農奴たちが自由を受け取ってみると、まわりはいかがわしいどころではない教師や力もなければ評判も悪い聖職者ばかりだと気づくであろう。何の準備もなしにこのような状況にさらされれば、間違いなく彼らは突如迷信から無神論に、受動的服従から放埒な行動に移行する。こういった気質の持ち主すべてに対して、自由はまるで飲んだことのない人間に強い酒が与える効果をもつであろう。この自由を見るだけでも、それに加わらぬ人々さえ道徳を忘れてしまう。〔……〕これに加えて、若干の貴族たちの無関心、無能や野心、外国からの犯罪的行為、決して眠っていない憎むべきセクトの暗躍などなど、さらにはまた大学におけるプガチョフ[98]の輩を考慮せねばならない。国家は、十中八九、長すぎてたわんだ木の梁のように、文字どおりまっぷたつに割れるであろう[99]。

また曰く、

なんと説明しがたい妄想が一つの偉大な民族をして宇宙の法則に反してやっていけると空想する地点にまで到らしめたのか。ロシア人はすべてを一日で望む。中間の道はない。学問の目的地にはゆっくりと這っていかねばならず、飛んでいくことはできないというのに。ロシア人は二つの同じように不幸な考えを抱くにいたった。第一はすべてのものの頭に文学と学問をかぶせることであり、第二はあらゆる学問の教えるところを一つの全体の中に融合することである[100]。

そして同じように、

もし近代の諸理論が人民にまで浸透し、世俗権力がそれ自体の他に寄り掛かるべきものをもたなくなるとしたら、ロシアに何が起こるだろうか。まさにあの全面的な破滅の前夜に、〔フランスで〕ヴォルテールは「すべては書物が為したことだ」と言っていた。まだしっかりと立っている幸せなロシアの胸に抱かれている間に、繰り返そうではないか、「すべては書物が為したことだ」と。書物に気をつけよ！この国の政治の大きな課題は学問が安全に社会に浸透することを許されるときが来るまで、その支配を遅らせ、教会の権威を主権者の強力な味方として用いることであろう。(101)

そしてまた、

ロシア人には何事も面白がってする（私は何事も笑いものにするとは言っていない）傾向があるが、その彼らもまたこの蛇と戯れることになったら、どんな国民にもまして残酷に嚙まれるであろう。(102)

唯一の希望は教会と貴族の諸特権を維持し、商人と下層階級を彼らの位置に留めておくことにある。なによりも「学問を人民の下層階級に広める」のを促進してはならず、「無知な、あるいはことを望む熱狂者がそうした試みを思いついたなら、すべて、それと気取られぬように、妨害しなければならない。」[103] また、

西方からの移住者をより厳しく監視しなければならない。とりわけドイツ人とプロテスタントはあらゆる種類の問題について青年を教化しようとこの国にやってくるので警戒しなければならない。ロシアにやってくるこの類の外国人一〇〇人のうち少なくとも九九人は国家にとってもっとも望ましからざる獲得物である。財産と家族があり、道義も評判も高い人たちは祖国を動かないからである。[104]

実際ド・メストルは、自由学芸と科学の発展を慎重に遅らせる政策、すなわち、ルネサンスから現代まで西洋の思想と行動を変革してきた中心的な文化価値のあるものを事実上圧殺することをあからさまに弁護したほとんど最初の西洋の作家であった。ただしこの不吉な理論がこの上なく豊かに花咲き、容赦なく適用されるのを見る運命は二〇世紀のものであった。おそらくそれこそはわれわれの時代のもっとも特徴的で、もっとも暗澹たる精神現象であったし、それは今も決して終わっていない。

九

同時代の鋭利でリアリスティックな観察者として、ド・メストルに匹敵するのはトクヴィルだけである。われわれは既に彼のロシアの状況の分析がいかに予言的であるかを見た。同様に、正統王朝派の仲間たちが大革命は一つの過渡的局面であって、その帰結は取り消すことができ、人間精神の一時的逸脱であって、それが終われば事態はまた元のように流れるかも知れぬとみなしている時期に、ド・メストルは革命以前の秩序を建て直そうと試みるのはレマン湖の水を全部壜に詰めようとするようなものだと明言していた(105)。外国列強の助けを借りた王党派の反革命以上にフランスを弱体化するものはなく、それはあの素晴らしい王国をばらばらに解体してしまうであろう。フランスを保存したのは栄光の革命軍であった。

ド・メストルは、精神的教師の一人であったサヴォア司祭、ティオラスに従って、ブルボン家の復辟を予言したが、その王朝は長続きしないだろうと付け加えてもいる。というのも、あらゆる権威は信仰に基礎をおくものであるのに、ブルボン家は彼ら自身とその運命に対する純粋な信念を著しく失っているからである。そしていずれにせよ何らかの改革は導入されねばならなかった。イギリスのチャールズ二世はその国にとって幸いなことにチャールズ一世とは違っていた。これと対照的に、二人の皇帝、アレクサンドルとナポレオンは文字どおりド・メストルを魅了した。彼はサヴォア王家にとても忠実に仕えたが、これを称賛していたとはほとんど考えられない。彼は自分の忠誠が人に対するものでなく、制度としての王位に対するものであると明言し、時にはこれを余りにもはっきりさせすぎるほどだった。彼は、ヨーロッパで進行しつつある事態についての不愉快な真実を、田舎くさく、すぐに怖気づくサルディニアの宮廷の人々に言い聞かせることに嗜虐的な喜びをおおいに感じた。彼の出した至急便は通常の外交文書の丁重な文体で書かれているが、それでも彼が名宛人に抱いていた忠誠と軽蔑のいり混じった感情を完全に隠してはいない。

この政治的リアリズムと、またそれが意識的に鋭く表現されたために、彼は、カリアリとトリノでは危険な過激派、一種の王党派ジャコバンと一生疑われた(106)。彼はたしかにこのちっぽけで神経質でもったいぶった、限りなく用心深い小宮廷が釣り上げた一番大きな魚であった。誰しもが認める才人であり、広く称賛を集め、彼の時代のそれまでもっともよく知られたサヴォア人であった。彼を用いぬわけにはいかなかったが、遥かサンクト・ペテルブルクに遠ざけておくのが最善であり、かの地では、人を不安にさせる彼の観察が得体の知れぬアレクサンドルを明らかに喜ばせていた。

彼は人生の最高の日々をサンクト・ペテルブルクで送っており、伝記作家がわれわれに残した肖像も大部分この時期の友人知己による印象に基づいている。彼らは献身的で心のやさしい父親、忠実で明るく神経細やかな友人というイメージを伝えており、事実また彼の私信はこの印象を支持している。彼はロシアの貴婦人たちに気配りと皮肉とゴシップに満ちた面白い手紙を書き、これらの婦人たちを彼自身の〔カトリック〕信仰に改宗させ、それに成功し過ぎて皇帝の不興を買うほどであった(107)。

ド・メストルのよく知られたロシアの友人たちが残したすべての証言がこの判断を支持しており、それらによれば彼の性格はやさしく、辛辣な皮肉を飛ばしながら、亡命と物質的貧困の条件の中で至極陽気であった。彼の道徳的政治的世界はまさにその正反対である。それは罪と残虐と受難に溢れ、権力の道具として選ばれた者たち、すなわち絶対的圧倒的な権威を揮って自由探究に向かうあらゆる傾向に対して、またなんらかの世俗の道を通じての生命、自由、幸福の追求に対してやむことなき戦いをしかける人々が行使する猛烈な抑圧を通してのみ生き残ることができる、そういう世界である。彼の世界はロマン主義者の世界よりはるかに現実的でずっと残酷である。紛うかたなくこれと同じ旋律がニーチェやドリュモンやベロックのうちに聞こえるまでには半世紀経たねばならず、またその旋律はフランスのアクション・フランセーズの統合主義者《アンテグラリスト》（国家や世俗社会をも教会の原理に統合することを主張するカトリック右派の急進主義者）や、あるいはさらにもっと低級な形ではわれわれの時代の全体主義体制のスポークスマンたちの言うところに聞こえるものでもある。ところがド・メストル自身は自分を滅びゆく文明の最後の守護者と感じていた。その文明は敵に囲まれており、比類なき残忍さを以て守られねばならない。言語の性質とか化学の進歩というような明白に理論的な主題に対する彼の態度ですら、強烈な論争的輝きを帯びる(108)。人は自らの世界とその価値の絶望的な防御に乗り出すと、何一つ譲ることができなくなる。壁にあいたどんな穴も致命的であり、いかなる地点も死んでも守らねばならない。

十

ド・メストルの死の五年後サン・シモン派の指導者たちが将来の課題はド・メストルの思想とヴォルテールの思想とを和解させることにあると宣言した。これは最初はばかげたことのように見える。ヴォルテールは個人の自由のために働き、ド・メストルは鉄鎖の側にある。ヴォルテールはもっと光をと叫び、ド・メストルはもっと闇をと唱えた。

ヴォルテールはローマ教会を激しく憎み、最小限の美徳さえこれに認めなかった。ド・メストルは教会の悪徳までも好み、ヴォルテールを悪魔の化身とみなした。『夜話』の中のヴォルテールに関する名高い何ページか[109]――その憎悪はこの仇敵のしかめっ面や、しじゅう見せる横目でにらみつつ歯を剝きだすいやらしい笑い方をぞっとするひきつり笑いの一種と描くとき最高潮に達する――は心の底からのものである。ところがサン・シモニアンのこの見方には、混乱してはいるが驚くほど予言的なこの運動の教理の多くにおけると同様に奇妙な真理があり、時の経過はやがてそれが恐ろしい真理であることをも示すに至るであろう。実に現代全体主義の諸体系は、その修辞スタイルではないとしてもその行為においてヴォルテールとド・メストルの見方を結びつけるものである。それらはとくに両者が共通にもつ資質を受け継いでいる。というのは、両者は対極に位置しながらも、フランス古典思想の中の硬い精神《タフ・マインド》の伝統に属しているからである。二人の思想は厳しく対立していたであろうが、精神の質はしばしば驚くほど似ている（実際、後の批評家はこの点を指摘してきたが、ただしこの質がどんなものであり、その影響が何を産みだしたかは通例述べていない）。ヴォルテールもまたその敵も弱さとか曖昧さとか甘さといった欠陥は知性にも感情にも微塵もなく、他人のそうした弱点を容赦しなかった。彼らはほのかな炎に対立し煌々たる灯の側に立つ。あらゆる曖昧模糊としたもの、朦朧としたもの、感傷的で印象主義的なもの――ルソー、シャトーブリアン、ユーゴー、ミシュレ、ベルグソン、ペギーの雄弁――に執拗に反対する。二人は無慈悲なほど感情を冷却させる作家であり、人を蔑み、冷笑的で、本当に非情で、時として本当にシニカルである。彼らの氷の如く、滑らかで明瞭な表面の横に置けば、スタンダールの散文はロマンティックであり、フローベールの作品は水はけが悪い泥沼である。マルクス、トルストイ、ソレル、レーニンこそ――(その思想ではなく)その精神の型において――二人の真の継承者である。極度に冷酷な目で社会の有様を眺めていきなり衝撃を与え、感情を冷却させ、情緒の湿りを拭い去り、非情な政治的歴史的分析を意識的なショック療法として利用する傾向が、以来、近代の政治技術に著しく入りこんできた。

感傷的で混乱した思考過程の容赦なき暴露にはヴォルテールが大いに責任を負っているが、もしそうした能力がド・メストルの歴史主義や政治的プラグマティズムと手をつなぎ、人間の能力と善性についてのともに低い彼の評価、そして生の本質は受難と犠牲と降伏への渇望だとする彼の信念が結びついたならば、さらに加えて、支配者の使命に徹して人道的な試みに耽る誘惑を断固として退ける少数者が無力でまとまりのない多数者を不断に抑圧することなくして統治は不可能であるという、ド・メストルの考えぬかれた信念が加わるならば、そのときこそわれわれは現代のあらゆる全体主義に流れる濃厚なニヒリズムの血筋に近づきだす。自由主義的幻想を剝ぎとるのにはヴォルテールを使うことができ、その後に現われる荒涼たる剝出しの世界を治めるべき妙案はド・メストルに用意してもらえる。たしかにヴォルテールは専制も欺瞞も擁護しなかったが、ド・メストルは両方の必要を説いた。「人民主権の原理は危険すぎるから、たとえそれが正しくとも隠しておく必要があろう」(110)と、ド・メストルは(プラトンとマキアヴェッリ、ホッブズとモンテスキューの残響を響かせて)言っている。この言葉はまた、リヴァロルが言ったとされる、平等は素晴らしいがなんだって民衆にそれを言うんだ(111)という有名なセリフに反響を残している。結局のところ、おそらくサン・シモニアンはそれほど逆説を弄していたわけではなく、彼らの創始者のド・メストルへの賛辞は、サン・シモンに刺激を受けた自由主義者や社会主義者には奇妙に見えたとしても、真正の類似に基づいていたのである。オーウェルの名高い悪夢(と同時に、その発想源であった現実の体制)の中身は直接ド・メストルとサン・シモニアンの両方のヴィジョンに関係している。それはまたヴォルテールの内に見出されるはずの深い政治的シニシズムにもなにごとかを負っており、この政治的シニシズムに対してこそこの比類なき作家の言葉はマキアヴェッリやホッブズのような本当に偉大で独創的な思想家をはるかに上回る影響を及ぼしたのである。

十一

ある優れた哲学者[112]がかつて次のように言ったことがある。独創的思想家の中心的理論を真に理解するためには、彼の論証の論理を追うというより、まず第一に、その思想の核心にある固有の宇宙像を把握する必要があるというのである。というのも論証はどんなに説得的で知的に感銘深くとも、原則としてやはり外面的作業――現実の、あるいは潜在的な批判者や敵対者の側が現に為している反論、あるいは為し得る反論に対する防衛的な武器――に過ぎないからである。論証はその思想家がいかなる心理過程を経て結論に達したかを照らしだしはしない。また、彼が説得しようとしている人々が提示される諸観念を理解し受容するためには、どうしても把握する必要のある中心的な概念を伝え、正当化するための唯一と言わぬまでも本質的な手段すら、彼の論証からは明らかにならない。

一般論としてはこれは明らかに行き過ぎである。たとえばカントやミルやラッセルのような思想家は、どのようにしてそれぞれの立場に到達したにせよ、合理的論証によってわれわれを説得しようと試みており、少なくともカントはそれ以外のなにものにも頼っていない。彼らはそうした論証が誤りであると反論によって明らかにされるか、または彼らの結論が普通の経験によって反駁されるならば、自分の誤りを認める用意があると明言している。だがより形而上学的傾向の多くの思想家についてはこうした一般論は成り立つ。――プラトン、バークリー、ヘーゲル、マルクスはその例であり、さらに、より意識的にロマン主義的、詩的、宗教的な思想家でその影響が良きにつけ悪しきにつけアカデミックなサークルの範囲をはるかに超えてきた人々は言わずもがなである。こうした思想家も論証を用いるであろう――事実彼らはしばしばそうする――が、そうした論証が正しいかどうかによって彼らが支持され批判され、その評価が定まるわけではない。というのも彼らの本質的な目的は世界とその中での人間の位置と経験とについて包括的な概念をたてることにあり、彼らは納得させるよりは改宗させることを、訴えかける相手のヴィジョンを一変させることを目指しているからである。そうした新しいヴィジョンによって、人々は諸事実を「新しい光の下に」、「新しい角度から」見るようになり、以前はさまざまな要素のつながりのない寄せ集めに見えたものが一つの体系的で相互に関連のある統一体として見えてくる、そういう新しい型にはめて事実を見るようになればよいのである。論理的な理由づけは既存の理論を無力化したり、特定の信念を論駁する助けにはなるが、補助的な武器であって、主要な征服手段ではない。主要な手段はものを見る新しい範型それ自体であって、それが改宗者の感情や知性や精神を虜にするのである。

特に一九世紀のド・メストルの賛美者がそうだが、かつては彼についてよく次のように言われたことがあった。つまり彼は理性の武器を用いて理性を打ち負かし、論理の武器を用いて論理の不適切を証明したというのである。だがこれは事実ではない。ド・メストルは教条的な思想家であって、その究極の原理と前提はなにものによっても揺るがし得ず、端倪すべからざるその創意と知力を傾けて事実を自分の先入観に合わせたのであって、新たに発見されたり、新たに明確になった事実に合う概念を形成するために創意と知力を用いたのではない。彼は訴訟理由を説明する弁護士のようなもので、結論はすでに定まっている。つまり、彼はその結論にどうにかしてたどり着かねばならぬと心得ており、それは彼が何を学び、何に出会おうと真理を確信しているからなのである。問題は疑っている読者をいかにして説得するか、厄介な証拠、あるいははっきり反対の証拠をいかにして退けるかだけである。彼の主要な論法は先決問題の回避であるとジェームズ・スティーブンが言うのは正しい(113)。彼は検討を容れない前提から出発し、証拠がなんであろうと彼の理論を断固として押し通す。実際、(プトレマイオスの天文学における周転円のように)明白な例外を説明するアド・ホックな仮説が十分な数あれば、どんな理論も見事に擁護でき、どんな教理も「救う」ことができる。もっとも、なんらかの論理的障害を解決するためにアド・ホックな仮説を導入するたびに、その理論が当てはまるような事例は数が減り、それにつれて理論がだんだん役に立たなくなるのは当然であるが。

彼の根本的な信念の対象――神がわれわれに植えつけた本有観念、合理的ないし経験的に定式化したところで単なるヴェールに過ぎないような霊的な真理、ノアの洪水以前の人間が有し、時には人を誤らせるヴェールに過ぎないような、今のわれわれはばらばらな断片しかもっていない太古の知恵、善悪正誤の判断に関する直観的確実性、彼の教会がこの上なく堅持する、証明されておらず、また証明不可能である教義――これらについてド・メストルは何一つまともな論拠を提出していない。明らかに、彼は、いかなる経験も、また常識や科学が証拠と認めるどんなものも原則としてこれらの真理を覆すことはできないと考えるであろう。二つの信念が互いに矛盾したり、あるいはそれぞれが明らかに反論しえない異論によって否定されるとしても、もし信仰や権威がそれでも決めていることならば、二つとも信じなければならず、たとえ知力の足らぬわれわれにはどうしてそうなのか分からなくとも、原則として両者は調停可能である――この命題は論証されるのではなく、単純に主張されるだけである。同様に理性が常識に抵触するならば、理性を毒物のように扱って、呪いをかけて追放しなければならないという観念は合理的思考の尊重と寸分たりとも両立しがたいものである。経験ではなく権威に訴え、純粋なドグマを論争のとどめに利用するものである。

たとえば、ド・メストルは、罪ある者の上にふりかかるにせよ罪なき者にふりかかるにせよ、あらゆる受難は誰かがいつの時かに犯した罪の償いに違いないと主張する。なぜそうなのか。なぜなら苦痛には目的がなければならず、その唯一の目的は刑を科すことにあるから、宇宙のどこかに相応の罪があって、それが相当する量の受難を引き起こしているに違いないというのである。そうでなければ悪の存在を説明したり、正当化することはできないであろうし、宇宙は道徳的統治を欠くことになろう。だがこれは考えられないことである。世界がある道徳目的によって統治されているということは自明とされている。(114)

彼は大胆にいかなる憲法も討議の結果ではないと主張する。個人や人民の諸権利は成文化されぬのが最善であり、成文化されるとしても、以前からずっと存在し、形而上学的直覚によってとらえられた不文の権利を単に書き写したものでなければならない。というのも法の文言によって生きる者は誰でもそれによって無力にされるからである。では成文憲法についてはどうだろうか。ド・メストルの晩年(憲法についてのエッセイを書いていた頃でさえ）にはアメリカ憲法は力強く、またうまく機能していた。だがそれはただイギリスの不文憲法に基づいていたからに過ぎない(115)。だがフランスについてそれは妥当しない。ナポレオン法典やスペインの新憲法もそうである。ド・メストルにはそれらが失敗せざるを得ぬことが分かる。彼は論拠を必要としない。バークが知っていたように、彼もまた何が永続し、何が移ろいゆくか、何が永久に存在し続ける運命にあり、何が人間の手になる儚い仕事であるかを知っている。「もろもろの制度が強靭で持続的なのは……それらがどの程度神的なものと考えられるかによる(116)。」人は何物も創造しない。樹を植えることはできるが、樹を作ることはできない。修正はできても創造はできない。フランスの一七九五年憲法は単なる「学者の練習問題(117)」であり、「すべての国民のために作られた憲法はいかなる国民のためにも作られていない(118)。」憲法は一つの国民が置かれた状況とその性格から、ある特定の時点、ある特定の場所に生まれ育つものでなければならない。人々は抽象原理のために戦う――「カードで大きな家を建てるために殺し合っている子供たち(119)。」「共和制度――人間の討議というぐらぐらの構造の産物――はなんの根ももたない。それはただ地面に置かれただけだが、それ以前から来たもの（君主制と教会）は植わっていたものである(120)。」

神はどんなもので、われわれは神にいかなる義務を負うかを告げる仕事を神がアカデミーに委ねたと信ずる男はどうかしているに違いない。国民に善悪を教えるのは高位聖職者、貴族、国家の大官の仕事である。〔……〕他のものはこの種の事柄を論議する権利をもたない。一国の人民からその自然の教義を奪いとるようなことを言ったり書いたりするものは強盗と同じように縛り首にすべきである。(121)

それでは高位聖職者、貴族、国家の大官はどこからその権威を引き出すのか。主権者からである。つまり世俗の国家の中では国王からだが、究極的にはそれはあらゆる精神的権威の源泉である教皇から引き出される。自由は国王からの贈り物である。国民は自らに自由を与えることはできない。もろもろの権利、あらゆる自由はなんらかの日時に主権者が許し与えたものに違いない。基本的権利は許し与えたものではない。それらの権利は存在するがゆえに存在し、過去の霧の中に、不可思議な神的起源をもって生まれたものである。(122)主権者たちの権利それ自体には日付がない。それは永遠のものだからである。主権は分割できない。もしそれが分配されるならば、権威の中心がなくなり、すべてがばらばらに崩れてしまうからである。地上の主権者と立法者はただ神の名においてのみ行動することができ、彼らのなし得るすべては創造の日より存在している既存の権利、義務、自由、特権を新たに集めて再編成することである。

すべてこうしたことは中世の死せるドグマのように見え、ド・メストルはまさにそうだからこそこれを信じたのである。明らかな例外に出会うと、彼はそれを無視してとばしてしまう。たとえば、英国の憲法は権力の分割の上にしっかり定礎されているではないかと指摘する者があるかもしれないと、彼は言っている(現実の諸政府についての経験的研究は彼の関心領域に入っていなかった。この点では彼はモンテスキューの有名な誤解を繰り返しているだけである)。この点はどう説明すべきか。彼の答えは英国憲法は不可思議であり、神的なものだというのである。それというのも、これほど混沌たる諸要素から一つの秩序を形成することはいかなる人間精神にもできたはずがないからである。字を書いて窓からばらまいてみたらそれが一つの詩になっていたとすれば、それは人間を超える力が働いていたことの論拠にならないだろうか。英国の法と慣習の不条理と矛盾そのものが人間の弱々しい手を神的な力が導いている証拠なのである。というのも、英国憲法がもし単に人間に起源をおくものであったなら、とっくの昔にそれが潰えていたことは明らかだからである。これはあからさまな循環論法である。

この点で、不文のものに対して成文化されたものは何であれ頼りにならぬ道具だという命題に対する反論として、ユダヤ人は旧約聖書の字句を信じてともかく生き残るのに成功してきたではないかと指摘する者があるかもしれない。ド・メストルはこの反論にも備えている。聖書がユダヤ人を守ってきたのはまさに聖書が神的なものだからであり、そうでなければもちろんユダヤ人はとうの昔に滅びていたはずである。ところが別の場所では彼は旧約聖書の独特の地位をすっかり忘れて、アジアやアフリカで社会的安定が維持されたのは赤裸の力だけによるのではなく、コーランや孔子やその他、旧約新約両聖書に啓示された真理と明らかに抵触するもろもろの命題を含み、神的起源をまったくもたない聖典が巨大な政治的権威を有したからでもあるという事実について語っている。このように彼は論点を回避し、循環論法に訴えるだけでなく、論理的一貫性を守ろうともしなかった。だがもし理性がいかなる代価を払っても回避すべき毒物であるとすれば、こうした非論理性はなんら問題ではない。

ド・メストルの強みは合理的議論にあるのでもなければ、巧妙な決疑論にあるのでさえない。彼の言語は時には理性の仮面を被ることがあるが、徹頭徹尾非合理主義的で、教条主義的である。また、彼のテーゼのいくつかが疑いなく有する説得力は、彼の文体が力強く、才気に溢れ、独創的で面白いという事実のせいだけではない。「彼ら（ド・メストルと〔ジョン・ヘンリー・〕ニューマン）はどちらも育ちの良い人間が話すように書いた」とジェームズ・スティーブンは言っている。[123] その雄弁はしばしばまばゆいばかりである。ド・メストルは一九世紀のフランスのあらゆる政論家の中でもっとも読みやすいが、それが彼の強みを成しているのではない。彼の天才は社会的政治的行動のより暗い部分、注目されることは少ないがしかし決定的な要素に対する深く的確な洞察に存する。

ド・メストルは独創的な思想家で、時代の流れに逆らって泳ぎ、同時代の自由主義者たちがこの上なく神聖視した決まり文句や彼らが信仰してやまぬ公式を粉砕してやろうと意を決していた。彼らが理性の力を強調したのに対して、彼は非合理的衝動の執拗さと広がり、信仰の力と目に見えぬ伝統の強さを指摘し、また進歩主義者——理想主義の科学者、政治と経済の大胆な計画家、技術の支配の熱情的な信奉者——が人間という素材の性質を故意に無視している点を衝いたが、おそらくこれを為すのにはしゃぎすぎるほどだった。彼の周囲では誰もが人間の幸福追求について語っているというのに、彼は人が自己を犠牲にし、受難し、権威、それも何に由来するにせよ上にある権威の前にはひれ伏そうとすること、そしてまた支配し、権威を行使し、権力をそれ自体のために求めようともすること——こういった傾向が歴史的には少なくとも平和と繁栄、自由と正義、幸福と平等への欲求と同じように強いということを強調したのである。ここでもまた彼は相当に誇張し、自らの指摘に意地の悪い喜びを感じたが、しかしそこにもなにがしかの真実は確かにあった。

彼のリアリズムは激烈で気違いじみ、偏執的で残酷なほど狭隘な形式をとっているが、それでもやはりリアリズムである。元に戻せることと戻せないことについての鋭い感覚は、早くも一七九六年に、一度革命運動がその仕事を為した以上、フランスの王政を救えるのはジャコバン派だけであり、古い秩序を復旧する試みはむこうみずな愚行で、ブルボン朝は復位しても長続きしないと彼の口に言わせているが、そうした感覚を彼はいつまでも失わなかった。神学（そして一般に理論）に関しては一途の教条主義だったが、実践においては彼は慧眼のプラグマティストであり、そのことを心得ていた。彼が宗教は真実である必要はないとか、あるいはまた、宗教の真理はそれがわれわれの願いを満たすという事実から成っていると強調したのは、こうした気持ちからである。「もしわれわれの推論がもっともらしく、〔……〕なによりそれが心地よく、われわれをより善くするものであるならば、それ以上何を要求できよう。もしその推論が間違っていたとしても、それはよいものである。というより、よいものであるということがその推論を真実にするのではなかろうか。」[124]

二〇世紀前半、そしてさらにその後まで生きた者は誰でも、ド・メストルの政治心理学がそのあらゆる逆説と時として陥る浅薄な反革命的愚論にもかかわらず、またその貢献が人道的で楽天的な人々の見たがらない破壊的諸傾向――ドイツのロマン主義者が事物の暗く夜行的な側面と呼んだもの——を暴露し強調した点だけにあるとしても、時として理性信奉者の信仰よりは人間行動のより良き指針であったことを疑い得ない。少なくともそれは、理性信奉者の往々にして単純で皮相な、しかも一度ならず破滅的であった処方箋に対して、効きめが鋭く、明らかに役に立つ解毒剤を提供することができる。

十二

これほど大胆で際立った人物が彼の世紀を通じて批判者の側に非常に鋭い反発をひき起こし、そうした反応がわれわれの時代にも一向変わらないのは多分驚くに値しない。彼はさまざまな時期に好奇心と嫌悪感、追従とみさかいのない敵意をかきたてた。おそらく彼ほど的外れの評言を評釈者から加えられた者もこれまで少ない。彼はよき父であり、よき夫、よき友人であったから、F＝A・ド・レキュールはこの「知的偉人は小羊のようにやさしく、鳩のように素直であった[125]」と言っている。彼に賛辞を呈してきた司祭たちでさえここまでは言っていない。彼が戦争の神性を語っているので、J・デサンの目に彼はダーウィン以前のダーウィン主義者と映った[126]。一般に受け入れられた見方をひっくり返したがゆえに、彼は異端のプロテスタント神学者ダヴィッド・フリードリッヒ・シュトラウスに比較された。ナショナリズムの重要性を認めたがゆえに、彼はイタリアのリソルジメントやウィルソン大統領、そして民族自決原則の予告者とされる[127]。さらにまた「諸国民の団体[128]」(société des nations〔国際連盟〕)という語を最初に使った一人であったことから、実は彼がこの言葉を使ったのはこれを合理主義者の典型的なナンセンスとこきおろすためだけであったのに、国際連盟の予言者にまでされた[129]。

彼と会った人たちの回想は鋭い機知と辛辣な攻撃を自在に操る魅力に溢れた男の肖像を描きだしており、それらの回想によるとド・メストルはどこへ行っても聞き手を魅了し、とりわけサンクト・ペテルブルクでは貴族のサークルで大いにもてはやされた。なにかにつけ逆説的な疑問を発しながら、答えはろくに聞こうとしない、他に類をみない見事な文章家であった。――ラマルティーヌは彼のことをディドロの後継者と呼び[130]、大批評家サント・ブーヴも批評家仲間では例外的に、同じように褒めそやしている。実際、彼をいちばんうまく描いた描写はサント・ブーヴのもので、サント・ブーヴは彼のことを謹厳実直だが情熱的で孤独な思想家と言っている。激しく真理を求め、沸き出る発想でいっぱいでありながら、それを示して一緒に議論する相手がサンクト・ペテルブルクにも他のどこにもほとんどおらず、そのためどうしてもたった一人で書くことになり、その理由一つだけでも、ものごとを彼の「過激真理[131]」によって極端にしがちであり、いつも攻勢に出て論敵の最強の切札に襲いかかり、殺すつもりで引金をひきたがる、これがサント・ブーヴ描くところのド・メストル像である。したがってその姿はたいてい攻撃的である。サント・ブーヴが挙げている絶妙の例の一つは、スタール夫人がイギリス国教会の長所について彼に講義したのにやり返したド・メストルの言葉である。「御説のとおり[……]それは猿の中のオランウータンのようなものです」[132]と彼は言ったというのである。――プロテスタントの他の宗派を猿と呼んだのはまさに彼ならではの言い方である。サント・ブーヴはド・メストルを偉大で力強い精神と呼び[133]、生涯その魅力の虜となった。外見も威厳があり、容姿端麗で、あるシチリア人の訪問者は彼のことを「頭に雪を、口には火をのせ」[134](la neve in tasta ed il fuoco in bocca)と評している。

ド・メストルはヘーゲルと同じように、人類の文明における一つの長い時代が終わろうとする時に生きているという意識をもっていた。「私はヨーロッパと共に死ぬ。喜んでその伴をしよう」[135]と彼は一八一九年に言っている。レオン・ブロアはド・メストルの著作を彼の時代、そしてわれわれの時代の、文明のヨーロッパを送る葬送演説と見なした。[136]にもかかわらず、彼が今日興味深いのは、死にゆく文明の最後の声、(彼自身が自らを意識したような)最後のローマ人としてではない。彼の作品と人物とは一つの終わりではなく一つの始まりとして意義がある。それらが重要であるのは、彼が、ファシストの先駆者の一人シャルル・モーラスにおいて、また反ドレフュス派のカトリックやヴィシー体制の擁護者たち、時にキリスト教徒である前にカトリックであったと評されたあの人々において頂点に達する大きな力強い伝統の最初の理論家だったからである。モーラスはヒットラーの体制に協力する用意があったであろうが、その理由には、ド・メストルをナポレオン(彼はナポレオンに会おうと試みたが果たせなかった)にひきつけた理由、また彼をして、仇敵であったロベスピエールの方を、ナポレオンやロベスピエールに滅ぼされた穏健派やカリアリの主君を取り巻く頼りにならぬお上品な凡人《ビヤン・パンサン》たちよりも尊敬させた理由に通ずるものがあった。

ド・メストルの価値の物差しでは権力がほとんど最上位にくる。なぜなら、権力は世界を統べる神的原理であり、あらゆる生と行為の源泉、人類の発展の最高の要素だからである。権力のふるい方、なかんずく決定の下し方を知る者は誰でも人を従わせる権利を手に入れ、そのことによって、摂理ないし歴史が特定の時点でその不可思議な目的を達成するために選んだ道具となるのである。単一の源泉への権力の集中はロベスピエールと彼の部下の専制支配の本質であり、コンスタンやギゾーのような穏健派があれほど激しく反発したものだが、ド・メストルにとっては人間のつくった規則によって権力が拡散するよりずっと好ましいものである。しかし、もちろん権力をそれが本来、また確固としてあるべきところ――古い、確立された、社会が生み出した諸制度であって、人間の手がつくったものでなく、また民主的に選出されたり、自分で勝手になった個人でもないもの――におくこと、それこそが政治的道徳的な洞察と叡知である。あらゆる簒奪は、神の宇宙法則を軽んずるがゆえに最後には失敗する。権力はそのような法則の道具であるもののところにのみとどまる。そうした法則に逆らうのはただの知力が提供する誤りやすい武器で宇宙全体の流れに対抗することであり、そんなことはいつでも子供っぽい愚行、いやそれ以上のもの――人間の将来に向けられた犯罪的愚行である。この将来がどんなものであるかは、歴史と人間性の大いなる多様性のリアリスティックな評価を通じてのみ言うことができる。理論上の徹底した先験主義にもかかわらず、ド・メストルは、もし神の意志の作用を理解しようとするならば、出来事は経験的に、また歴史状況の変化に留意して――それぞれの状況を固有の文脈において――検討しなければならないという教義を説いた。

この歴史主義、すなわち人間を支配する力の多様性やもろもろの社会とそれらを構成する精神的文化的要素の形成過程に対する関心は、ヘルダーとヘーゲルとドイツのロマン主義者がずっと暗い言葉で、またサン・シモンがもっと抽象的に説いていたものと同じであるが、今日ではわれわれの歴史観の大きな部分を占めており、そのためこのような考えが陳腐どころか逆説であった日からどんなにわずかな時しかまだ経っていないかをわれわれは忘れてしまっている。ド・メストルはまた、抽象観念と演繹的方法の無力を批判した点でもわれわれの同時代人である。しかも、彼はそう言わないであろうが、抽象観念や演繹的方法は敬虔なカトリックの護教者をもその論敵に劣らず支配していたのである。物事がいかにして起こるかを説明し、われわれが何を為すべきかを示すのに、人間の本性とか権利や美徳や外的世界の本性といった一般観念から演繹しようとする試みの信用を落とすのに彼ほど多くを為した者はいない。――演繹手続きによってわれわれが引き出せる結論は前提のなかに入れておいたものだけであり、しかもその際われわれは自分のしているのはそれだけに過ぎないということに気づかず、これを認めないのである。

ド・メストルが反動と呼ばれたのは当然だが、それでも彼は無批判に受容された観念をたいていの自称進歩派より鋭くより効果的に批判した。彼の方法は、たとえば科学を重視したコントやスペンサーの方法よりも現代の経験主義にずっと近く、その点では一九世紀の自由主義の歴史家の方法以上である。そしてまた、ド・メストルは言語習慣や発話形式、偏見や民族の性癖のような「自然な」諸制度が人々の性格と信念の形成に大きく与ることに気づき、それらの社会的哲学的重要性をもっとも早く認識した思想家の一人である。すでにヴィーコは言語、図像、神話を人間と制度の生長について他では得られぬ洞察を与えるものとして語っていた。ヘルダーとドイツの歴史言語学者たちはそれらを民族のもっとも深い願望、もっとも典型的な性質から流れ出るものとして研究した。政治的ロマン主義の父たち、特にハーマン、ヘルダー、フィヒテはそれらを人間性の真の要求を満たす自由で自発的な自己表現の形式とみなし、臣民の自然な傾向を圧殺した集権的フランス国家の厳格な専制の対極にあると考えた。ド・メストルが強調するのは、諸社会の生命と成長とを情熱をこめてうたいあげた人々が称揚した「民族の魂」のこうした麗しく、しかし一部は想像の産物である属性ではない。それどころか、彼は、闇に閉ざされ、半ば無意識な記憶と伝統と忠誠心が一体として恒久的に安定を保ち、攻撃を許さぬ権威をもつことを力説し、同時に意識下にあってあらゆる制度的な力を超え、超自然的とみなされるさらに暗黒の諸力こそ集団の服従を強要するものであると強調する。絶対的支配はその根拠を問うことさえ恐ろしいときにいちばん成功する点を大いに強調する。彼が科学を恐れ、忌み嫌うのは、それが懐疑的探究に対して唯一抵抗力のある神秘に余りにも光を当てて、その結果これをなくしてしまうからであった。彼の慧眼をもってしても、科学の技術的手段が理性ではなく反理性と結びつく日がこようとはほとんど予測できなかった。自由主義が一つではなく二つの敵――一方では合理的科学的な組織の専制、他方では理性に敵対する神秘的偏執的信仰の力——に直面し、ヴォルテールとド・メストルの追随者がそれぞれ祝福したこれら二つの力が手に手を取って、かつてサン・シモンがあのように熱烈だが、間違った楽観論を以て予言したあの連合を組むとは、彼の慧眼も予見できなかったのである。

ド・メストルはパレートと同じようにエリートを信用したが、いかなる道徳的価値基準を採用すべきかについてのパレートのシニカルな無関心——すなわちエリートは自身が採用する価値基準とまったく別の基準を大衆に説いてかまわないという主張は彼にはなかった。過剰な光は人類の大半にとってよくないと彼は考えたにもかかわらずそうであった。ジョルジュ・ソレルと同じように、社会的神話の必要を信じ、戦争は国家間でも社会の内部でも不可避と考えたが、彼と違ってド・メストルは、大衆の信ずる神話、ひたすらこれを信じさせることによってのみ大衆を勝利に導くことが可能となり、またそうすべきでもある、そういう神話を、勝利した階級の指導者自身が見透かしてしまうことは許さなかった。ニーチェと同じように、彼は平等を忌み嫌い、普遍的自由の観念を馬鹿馬鹿しく危険な空想と考えたが、歴史の進行に反逆することはなく、人類がそれまでに歩んできた苦難の道を枠づけてきた骨組を壊そうとは願わなかった。彼は当時流行の社会的政治的標語にひきつけられることなく、政治権力の性質をマキアヴェッリやホッブズ、ビスマルクやレーニンがそれぞれの時代に行なったと同様に明晰に見、またそれを彼らと同じように赤裸な言葉で叙述した。この理由のために、一九世紀のカトリックの指導者たちは、聖職にある者も平信徒も、公式には強勒で敬虔な教条主義者として彼を大いに褒めそやしながら、実は彼の名前を出されるだけで、あたかも彼が誠実に防衛目的のつもりで鍛えた武器が余りにも危険——持っている人の手の中でいきなり爆発しかねない爆弾のように——に過ぎるかの如く、不安を感じたのであった。

ド・メストルは社会を弱く罪深い人間、矛盾する欲求に引き裂かれ、自分で操るには激しすぎ、何らかの安心できる合理主義的公式によって正当化するには余りに破壊的な諸力にあちこち引き回されるそういう人間たちが織り成す解きほぐせない網の目と見た。あらゆる事業は苦しく、失敗を避けがたい。仮にもそれが成就するとすれば、それは偉大な知恵と強い意志を備えた存在、すなわち歴史(これは彼にとってほとんど神の言葉の受肉である)の諸力を宿し、己れの生命を刻みつつ、神の定めた秩序の編成、抑圧、維持にあたる、そういう存在がつくる階層秩序の導きの下に置かれたときだけである。人間の事業は神の秩序との一体化を果たすこの犠牲行為によってのみ完成し、現世における報酬を何一つもたらさない、説明しがたい自己犠牲こそ神の秩序の命ずる法なのである。彼が擁護した社会構造は、少なくともキリスト教の伝統と同程度にはプラトンの

『国家』における守護者と『法律《ノモイ》』における夜の評議会から引き出されたものである。それはドストエフスキーの有名な喩話の中の大審問官の祈りに親近性を有している。彼のヴィジョンはたいていの人が今なおそれによって生き、あるいは生きようと欲している光を教条的に拒否することのうえに出来上がっているだけに、人間の自由を真に評価する人々には忌み嫌われるものであろう。それにしても、ド・メストルは彼の偉大なテーゼを構築する過程で、彼の同時代人が不快を催し、後の人々は怒って否定し、ようやく今日になって承認された決定的な真実を一度ならず暴露(そして猛烈に誇張)し、しかもそれはしばしば彼が初めて明らかにしたことであった。――もちろんそうした真理が今になって承認された理由はわれわれの洞察がより完全になったとか、自己認識や誠実さの増大によるわけではなく、ド・メストルが社会組織の解体に抗する唯一の処方箋とみなした秩序が、われわれの時代にそのもっとも忌まわしい形で現実化したからであるが。かくして、かつてド・メストルが歴史分析をかりて望見した全体主義社会は現実のものとなり、それによって、測り知れない人間の受難を代償に、現代を見通した注目すべき恐ろしい予言者の深さと輝きを確証するに至ったのである。

原注

（1） Book 1 (Jeunesse), vol. 6, p. 17 ('À un visiteur parisien'), 2nd stanza: p. 958 in *Œuvres complètes: Poésie II*, ed. Jean Gaudon (Paris, 1985).

（2） 以下、通例『夜話』*Soirées*として引用〔サン・ペテルブールは地名としては以下サンクト・ペテルブルクと表記するが、この書名のみフランス語表記に従う〕。ド・メストルからの引用の出典は*Œuvres complètes de Joseph de Maistre*, 14 vols and index (Lyon/Paris, 1884-7)による〔以下『全集』とし、巻数をローマ数字で、ページ数をアラビア数字で付す〕。このエピグラフについては『全集』V 26.

（3）〔明らかに、ジョセフ・コンラッドが『金の矢』(*The Arrow of God*, London, 1919)の中で、ブラント船長を「アメリカ人でカトリックで貴族 Américan, catholique et gentilhomme」と描いた言葉からとられたもの。この句が最初に出てくるのは『海の鏡』(*The Mirror of the Sea*, London, 1906, chapter 41, p. 248)において。〕

（4） Émile Faguet, *Politiques et moralistes du dix-neuvième siècle*, 1st series (Paris, 1899), p. 1.

（5） *Ibid.*, p. 59.

（6） *Ibid.* ('un paganisme un peu "nettoyé"').

（7） *Ibid.*, p. 60.

（8） S. Rocheblave, 'Études sur Joseph de Maistre', *Revue d'histoire et de philosophie reli-*

gieuses 2 (1922), p. 312.

（9） George Brandes, *Main Currents in Nineteenth Century Literature*, English trans. (London, 1901–5), vol. 3, *The Reaction in France*, p. 112.

（10） E. Quinet, *Le Christianisme et la Révolution française* (Paris, 1845), pp. 357–8.

（11） *Correspondance de Stendhal* (*1800–1842*), ed. Ad. Paupe and P.-A. Cheramy (Paris, 1908), vol. 2, p. 389.

（12） René Doumic, *Études sur la littérature française*, 1st series (Paris, 1896), p. 216.

（13） 主に『文学者の肖像』*Portraits littéraires* の中の「ジョセフ・ド・メストル」'Joseph de Maistre'（マクシム・ルロア編『著作集』第二巻）*Œuvres*, ed. Maxime Leroy (Paris, 1949–51), vol. 2, pp. 385–466 および「ジョセフ・ド・メストル伯未公刊書簡および小品集」'Lettres et opuscules inédits du comte Joseph de Maistre'(2 June 1851)、『月曜閑談』*Causeries du lundi* (Paris, 1852–62), vol. 4, pp. 146–64 を参照。

（14） ただしこの意見はカナダ人で彼の伝記を書いたリチャード・ルブランやエミール・シオラン、それにもちろん私自身のとるところではない。私としても彼を過去の存在とかたづけられればよいと思うのだが、今世紀のもっとも暗い出来事の数々がそれを許さない。参照、Richard A. Lebrun, *Joseph de Maistre: An Intellectual Militant* (Kingston and Montreal, 1988); E. M. Cioran, *Essai sur la pensée réactionnaire: a propos de Joseph de Maistre* (Montpellier, 1977).

(15)『全集』I 74.

(16)『全集』I 18.

(17) *Correspondance diplomatique de Joseph de Maistre 1811–1817*, ed. Albert Blanc (Paris, 1860)(以下、*Correspondance diplomatique* と表記), vol. 1, p. 197.

(18) 'Mémoire au duc de Brunswick', p. 106 in Jean Rebotton (ed.), *Écrits maçonniques de Joseph de Maistre et de quelques-uns de ses amis francs-maçons* (Geneva, 1983), p. 106.

(19) ド・メストル家文書中の一七九三年七月一六日付、ヴィネ・デ・ゼトール宛のド・メストルの書簡に引用。参照、Lebrun, *op. cit.*(注14), p. 123, note 68.

(20) Jeremy Bentham, *Rights, Representation, and Reform: 'Nonsense upon Stilts' and Other Writings on the French Revolution*, ed. Philip Schofield, Catherine Pease-Watkin and Cyprian Blamires (Oxford, 2002), pp. 330, 187.

(21) カール・ベッカーの著書〔Carl Becker, *The Heavenly City of the Eighteenth-century Philosophers*〕(New Haven, 1932)の表題。

(22) 本文ではこのパッセージの一部しか訳していないが、原文はド・メストルをこの上なく特徴的で、絵に描いたように示し、またもっともその激しい一面をのぞかせているだけに、全体を示す価値がある。〔以下の訳文中《 》内は本文に訳出した部分の再掲である。〕

《生きとし生けるものの広大な生息圏を統べるのはあからさまな暴力であり、すべての被造物に武器をもたせて共滅に導く、神の定めた憤激とも言うべきものである。無生物の世界を離れた瞬間から、暴力による死という掟が生命のほんの始まりでしかないものの上にも刻まれていることが分かる。植物の世界ですでにそれが感じられる。巨大なきささげから名もない野草に至るまで、どれだけの草木が死に、どれだけが殺されるであろうか。だが、動物の世界に足を踏み入れるや、この法は突如としてこの上なくおぞましいその姿を明らかにする。目には見えないが明らかな力が》生命の原理を暴力的手段を通じて絶えず明らかに示す。その力は《動物の主な分類ごとに》ある動物は他の動物を《餌として食べるように指定している。かくして昆虫が餌になり、爬虫類が餌になり、鳥が餌になり、魚が餌になり、四足獣も餌になる。生きものが他の生きものに食べられていないときは一瞬たりともない。これらのありとあらゆる動物たちの上に人間は置かれているのであり、殺してやまぬ人間の手は生きている何物をも逃さない。人間は食糧を得るために殺し、着るために殺す。着飾るために殺し、攻撃のために殺し、身を守るために殺し、知識のために殺し、愉しみのために殺し、そして殺すために殺す。傲り高ぶった残忍な王として、人間はすべてを欲し、なにものの抵抗も許さない。》人間は何頭の鮫や鯨からどれだけの油がとれるかを知っている。博物館の壁にはモンブランやチンボラソの山頂で飛んでいるのを捕らえた美しい蝶が細いピンで刺してある。人は鰐を剥製にし、蜂鳥をホルマリン漬けにする。人間の命令によって、ガラガラ蛇は保存液の中に入って死に、そのままの姿で長蛇の列を為す見物人の目を楽しませる。主人を乗せて虎狩に行く馬は獲物の皮を背に乗せて歩く。人間は《小羊を裂いて腸をとりだし、竪琴を奏で》、鯨の髭で若い娘のコルセットを支え、《狼の恐ろしい歯を切り取って美しい工芸品に磨き上げ、象の牙でこどもの玩具をつくる。――人間の机は動物の屍で覆われている。》哲学者は恒久的殺戮がいかに全体図のなかに予定され、定められているかさえ見出すことができよう。だがこの法は人間で終わるのだろうか。おそらくそうではない。《では他のすべての生きものを殺す人間を殺すのは誰か。人間自身である。人間を殺す役割を負っているのは人間である。》だが人間はどのようにすればこの殺戮の法を履行できるのだろうか。道義に厚く情け深い人間、愛するために生まれ、自分のことのように他人のために涙し、涙を流すことに喜びを感じ、ついには涙を催させるために物語まで作ってしまう人間、そして、不正に血が流されたときには最後の一滴まで報いを求める〔「創世記」九‐五〔「あなたたちの命である血が流された場合、わたしは賠償を要求する。」『新共同訳聖書』の訳文〕〕と神に言われた人間がどのようにしてこの法を行なうのか。戦争がその命令を成就するのである。大地が血を求めて叫んでいるのが聞こえないのか。動物の血では足らず、法律の刃が犯罪者の血を流してもなお不足している。もし人の裁きがすべての罪人に及ぶならば、戦争はなしですむであろう。だが人の裁きはごく少数の罪人にしか及ばず、犯罪者を赦すことさえ少なくない。そのような残酷な慈悲が戦争を引き起こす一因となりはしないか、とりわけそれと同時に、そうした慈悲に劣らず愚かで有害なもうひとつの無分別がこの世から贖罪の火を消してしまおうと努めるとすれば、戦争が不可避となりはしないかとは思ってもみないのである。大地の叫びは無駄ではない。戦争の火はすぐにつく。人は突如として憎しみとも怒りとも違う神の憤激に駆られ、自ら何を望み、何を為そうとしているかさえ意識せずに戦場へ行進する。この恐ろしい謎は一体なんだろうか。これほど人間の本性に反し、人間が嫌がるものはない。それなのに人は自ら嫌うことを熱狂して行なう。人を殺そうとするその場で命令に逆らった例がこれまでにあっただろうか。ネルヴァ〔トラヤヌス帝の前のローマ皇帝(九六―九八)〕だろうがアンリ四世だろうが命令とあらば人は暗殺するであろう。もっとも憎むべき暴君であろうと、比類なく傲岸で血を恐れぬ猛将であろうと、「われわれは従わない」という声を聞くことは決してないであろう。戦場での反乱、結束して暴君を倒した例は私の記憶に浮かばぬ出来事である。人を戦場に引きずる力には何人も抵抗せず、抵抗し得ない。人間は罪なき殺人者、あるおぞましい力の受動的な道具として、自分自身が掘った穴に頭から飛び込んでいく。自分が死の原因をつくったことには思いも及ばず、人を殺し、自らの死を受け入れる。〔もろもろの国民は自分のつくった穴に陥り。「詩篇」九―一六〕(『旧約聖書』(日本聖書協会、一九五五年版)による。ただし新共同訳聖書では該当の文章は「異邦の民は自ら掘った穴に落ち」と訳されている。〕

《このようにして》ウジ虫から人間に至るまで《生きとし生けるものを統べる暴力による破壊という大法則は止むことなく貫かれる。永遠に血にまみれたこの地球はまるごと、あらゆる生きものをいけにえにする巨大な祭壇に他ならず、その犠牲は終わりなく、容赦なく、止むことなく続き、ついにはすべてのものがなくなり、ついに悪が止み、死そのものが死を迎えるのである。》〔なぜなら、最後の敵として滅ぼされるのは死だからである。「コリント人への手紙第二」一五‐二六〔「最後の敵として、死が滅ぼされます」、新共同訳〕」。『全集』V 22–5.

（23） '(el) matadero del difunto conde José de Maistre'. Miguel de Unamuno, *La agonía del cristianismo*: in *Obras completas*, ed. Manuel García Blanco (Madrid, 1966–71), vol. 7, p. 308.

（24） このもっとも広く知られているド・メストルの文章は、それゆえ原文で示す価値がある。以下、補遺を見よ。〔本文に引用された英訳部分の仏語原文なので訳出を省略。〕『全集』IV 32–4.

（25） 'Domini enim sunt cardines terrœ, et posuit super eos orbem.'(『旧約聖書』「サムエル記」上二‐八のハンナの祈りの一節)。〔『新共同訳聖書』の訳文は「大地のもろもろの柱は主のもの、主は世界をそれらの上に据えられた。」〕

（26） たとえば、『全集』I 407, VIII 91, 222, 223, 268, 283, 311–12, 336, 345, 512–13.

（27） 脚注で彼はユヴェナリス〔ローマの諷刺詩人、c五〇―c一三〇〕のこの言葉 'Graeculus esuriens in caelum jusseris, ibit'「飢えたけちなギリシャ人に昇天せよと命じれば、そうするだろう。」(*Satire*『諷刺詩』3. 78)を引用しているが、誤ってこれをマルチアリス〔同じくローマ詩人、c四〇―c一〇四〕に帰している。

（28） 『全集』VIII 299.

（29） 『全集』VIII 305.

（30） 『全集』VIII 297–8.

(31)『全集』V 3–4.
(32)『全集』V 10.
(33)『全集』I 111.
(34)『全集』V 116.
(35)『全集』IV 66.
(36)『全集』IV 67.
(37)『全集』IV 67–8.
(38)『全集』II 338, VIII 280.
(39)『全集』II 338. ファゲはド・メストルの文章のパラフレイズだが、明らかに彼自身がこしらえた鋭い警句を使っている。曰く、「羊は肉食獣に生まれたが、どこでも草を食べているといったとしても同じように正しかろう。」Faguet, *op. cit.*(注4), p. 41.
(40)『全集』I 376.
(41)『全集』V 197.
(42) ベーコンを論駁するために書いた論文の課題は、ベーコンには自分自身が先駆けとなった諸科学の非経験的要素を理解する形而上学的な力がなく、彼はせいぜいのところ精神気候の変化のバロメーターであって、それを引き起こした人間ではなく、「諸科学の情熱的愛好者」というよりは「その多情な宦官」である(『全集』VI 533–4)ことを示すにある。ここにはいくらかの真実があるかもしれないが、ド・メストルがそれを意図したり、自覚していたとは思われない。

（43）『全集』I 246–7.

（44）'Joseph de Maistre'（注13参照）, p. 422.

（45）『全集』V 2.

（46）『全集』VIII 282.『旧約聖書』「列王記〔上〕」一九‐一一「地震の中にも主はおられなかった」

（47）『全集』I 88. 同様に彼はギリシャ王国の将来についても見誤り、それについての暗く、根拠のないことが明らかになった彼の警告は、サンクト・ペテルブルクにおける亡命仲間であったギリシャの愛国者、アレクサンデル・イプシランティ〔ギリシア語原音はイプシランディス〕の目に余計なお節介と映っただけであった。ド・メストルは、ヒプシランティの意図は野心に燃えたファナリオット〔イスタンブールに住むギリシャ人〕の女性、ロクサンドラ・ストゥルザ、後にエドリング伯爵夫人となり、サント・ブーヴの文通相手であったこの女性を通じてずっと知らされており、彼は彼女に社交上のゴシップや父のような助言を記した手紙を書いている。二人の文通はド・メストル自身のサンクト・ペテルブルクにおける立場が政治的に不安定になりだし、伯爵夫人の方もそれまで役に立つ友人関係であったものが政治的なひけめになり始めたとみなしたときに終わった。

（48）『全集』IV 132–3.

（49）『全集』IV 84–5.〔ハーディーは『法の精神』第五巻第一三章を出典として指示するが、

モンテスキューの原文は「ルイジアナの未開人は、果実を得たいと思うとき、木を根元から切り倒して果実を採る」(野田良之他訳『法の精神』上、岩波文庫、一九八九年、一三四頁)までであって、以下はド・メストルの文章である。」

(50)『全集』IV 63.

(51) 原語は‘censitaire’〔cens 貢租を払う人、貢納義務者〕。

(52)『全集』VIII 283–4.

(53)『全集』VIII 67.

(54) 参照、*Lettres à un gentilhomme russe sur l'inquisition espagnole.*『全集』III 283–401.

(55)『全集』VIII 81.

(56)『全集』VIII 82.

(57)『全集』III 184.

(58)『全集』VIII 82.

(59)『全集』VIII 94.

(60) Anatole France, *Le Génie latin* (Paris, 1913), p. 242.

(61)『全集』IX 78; cf. III 394.

(62) サンフ伯爵夫人 Comtesse de Senfft 宛、一八三四年一〇月八日付書簡。Félicité de Lamennais, *Correspondance générale*, ed. Louis le Guillou (Paris, 1971–81), vol. 6, letter 2338, p. 307.

(63)『全集』V 34.

(64)『全集』V 33.

(65)『全集』VIII 294.

(66)『全集』IV 63.

(67)『全集』IV 119.

(68) 同前。「テアイテトス」189e の引用。[「ソピステース」263e–264a も参照。]

(69) 参照、Elio Gianturco, *Joseph de Maistre and Giambattista Vico: Italian Roots of Maistre's Political Culture* (Columbia University Ph. D. thesis) (Washington, 1937).

(70)『全集』IV 88.

(71)「トルコはどのように統治されているか。コーランによってである。[……]それなくしてはオスマンの帝位は一瞬にして消えてしまうであろう。中国はいかにして治められているか。孔子の教え、孔子の法、孔子の宗教によってであり、彼の精神こそ二五〇〇年前から統治してきた真の主権者である。[……]」『全集』VIII 290.

(72)「行商人の集まり」というスピノザの国家観についてのヴィーコの議論を参照。*The New Science of Giambattista Vico*, trans. Thomas Goddart Bergin and Max Harold Fisch, revised ed. (New York, 1968), para. 335 (p. 98). またボナルドはこう言っている。「まるで社会が家々の壁や町々の城壁だけでできてでもいるかのように、人間の生まれるところにはどこでも、父、母、子供、言語、天国、神、そして社会が存在するのに、まるでそうしたものが全然ないかのように。」L. G. A. de Bonald, *Du divorce* [...] (Paris, 1801), p. 14.

(73)　注16参照。

(74)　『全集』IX 77.

(75)　興味深く、また特徴的なことに、ド・メストルのナポレオンに対する態度は両義的である。一方でナポレオンは俗っぽい成り上がりもので古い諸価値の残忍な破壊者、教皇と正統君主の迫害者、神聖な儀式を忌まわしくも戯画化した戴冠式の恥ずべき張本人であり、道徳的賤民、人類の敵である。他方彼が権力の現実を明晰に把握し、民主主義者、自由主義者、知識人、そして憎むべきセクトのその他のメンバーをあからさまに軽蔑したこと、なによりもブルボン家の愚かさや柔弱さにひき比べて、フランスを再び栄光の絶頂に引き上げたこの男の軍事的行政的才能はリアリズムと権威の使徒に強く訴えないはずはなかった。ド・メストルはフランス皇帝の犠牲者の一人の公的代理人であり、サンクト・ペテルブルクにフランス大使がいるということ(自動的にそれは彼自身の外交上の身分の公的承認を妨げた)だけで毎日屈辱を味わわされたにもかかわらず、ナポレオンに会うことを望んだ。ナポレオンの方もド・メストルの著作の鋭さに感銘を受け、その内容に政治的親近感を覚えたといわれる。ド・メストルは自分の置かれた状況を途方もなくじれったく感じた。そこでカリアリの宮廷に手紙を書いて、自分の主張を述べてみた。ナポレオンはたしかに簒奪者だが、オレンジ公ウィリアム以上の簒奪者であろうか。後者に始まる王朝はヨーロッパのあらゆる君主から承認されているではないか。ナポレオンは冷酷な殺人者だが、イギリスのエリザベス〔一世〕ほども無実の者を殺したであろうか。いずれにしろあらゆる権力は、正統なものも正統性を欠くものも、神に由来する。しかもボナパルトは偉大なフランス王国の国境を守り、拡大したのであり、この事業は彼がなんらかの意味で神の道具でなかったならば果たし得なかったであろう。こうした決疑論はサルディニアの役人たちを驚かせただけであった。国王ヴィットーリオ・エマヌエレは深く衝撃を受け、この彼の代理人がコルシカ生まれの怪物と少しでも接触するのを固く禁じた。ド・メストルは心の底から失望した。だが彼は忠誠心をあらゆる美徳の上に置いていた。正統な王権の体現者が取るに足らぬ人物であればあるだけ、一層大きな服従をこれに捧げるべきである。そうすれば臣下が主権者に対して負う無条件的服従の原理は一層光り輝くものとなるであろう。外交文書における彼の応答はますます辛辣で皮肉な調子になっていった。彼はそれ以前に「驚くべき」要求をしたと非難されたことがあった（『全集』XI 104–5）。彼は主君にいつでもその命令に文字どおり従うと約束した。しかし、彼を驚かさないとは約束できなかった。ド・メストルはついにナポレオンに会うことはなかった。

（76）一八一六年四月二四日および五月四日付のヴァレーズ伯（サルディニア外務大臣）宛書簡。*Correspondance diplomatique*, vol. 2, p. 205.

（77）『全集』IX 59.

（78）一八〇四年七月二二日および八月一三日付の騎士ロッシ（サルディニア国務大臣）宛書簡。トリノ国立文書館蔵。J. Mandoul, *Joseph de Maistre et la politique de la maison de Savoie* (Paris, 1899), p. 311 に引用。

(79)　『全集』IX 58. そしてまた、「戦争の技術を少しばかり忘れさせてくれる君侯に限りない祝福を。」『全集』VII 134. また、ローマ帝国末期の軍事的体制について、「慢性の疫病」だと言っている。『全集』I 511. この主題全体に関して、François Vermale, *Notes sur Joseph de Maistre inconnu* (Chambéry, 1921)、とくに第三章 'Joseph de Maistre contre le militarisme piémontais', pp. 47–61, esp. pp. 48–9 を見よ。それでも彼は、もし君主が軍事独裁を命ずるならば、たとえ気が進まぬにしろこれを受け入れるだろうと明言している。

(80)　戦争と軍国主義とのこの鋭い対比はプルードンが(ド・メストルとほとんど同じ言葉で)その『戦争と平和』において繰り返している。トルストイは彼自身の『戦争と平和』を書いている間にド・メストルの著作を読んだのだが、彼はこの傑作の中である役割を果たしていることの逆説そのものを、(少なくとも彼の一人の批判者ボリス・エイヘンバウムが想定しているように)単にプルードンに負っているだけでなく、意識的、無意識的にド・メストル自身に負っている可能性がある。

(81)　『全集』I 7.

(82)　『全集』I 18.

(83)　『全集』I 118.

(84)　『全集』I 426.

(85)　『全集』VIII 294; cf. I 266, I 426, II 339, VII 540.

(86)　『全集』I 426.

(87)『全集』I 107.

(88)『全集』I 9.

(89) 以下の引用は『ロシアについての四章』からのものだが、この作品はド・メストルの余論集《オビテル・ディクタ》で、驚くべき洞察と予言的な力に満ちた意見を含んでいるが、今日ではほぼ完全に忘れられている。

(90)『全集』VIII 279 (cf. II 339).

(91)『全集』VIII 280 (cf. II 339).

(92) 例えばヴィーゲリとジハレフによって。F. F. Vigel', *Zapiski* (Moscow, 1928), vol. 1, p. 275 (cf. vol. 2, p. 52); S. P. Zhikharev, *Zapiski sovremennika* (Moscow, 1934), vol. 2, pp. 112–13. これに対してレフ・トルストイは、『戦争と平和』の歴史的背景を研究する際、たしかにド・メストル自身の著作と彼の同時代人のメモワールを利用しているが、彼について皮肉な肖像を描いている。「モルトマール子爵」の名前で登場し、典型的なフランス亡命貴族としてサンクト・ペテルブルクのサロンで人気絶頂の彼は、ロシアの首都で開かれたある華麗な夜会で流行の先端を行く貴婦人たちに向かってナポレオンやアンギアン大公や女優のジョルジュ嬢のおかしな逸話を語っている。後に、今度は単に「多くの才能に恵まれたある男」として、別のあるパーティーに現われ、ヴァシーリー公爵とクトゥーゾフについて会話を交わす。小説のさらに後では、実名でも言及されている。『戦争と平和』第一巻、第一部、一、三章、第三巻、第二部、六章、第四巻、第三部、一九章。

(93)『全集』VIII 288.
(94)『全集』VIII 284.
(95)『全集』VIII 285.
(96)『全集』VIII 355-9.
(97)『全集』VIII 288-9.
(98) エメリヤン・イヴァノヴィチ・プガチョフはエカテリーナ大帝時代に鎮圧された農民コサック反乱の指導者である。［このパッセージ、バーリンは原文を自由に書き換えている。］
(99)『全集』VIII 291-2.
(100)『全集』VIII 300.
(101)『全集』VIII 344.
(102)『全集』VIII 354.
(103)『全集』VIII 357.
(104)『全集』VIII 358-9.
(105)『全集』IX 58.
(106) 注75参照。
(107) 彼が改宗させた中でいちばんよく知られているのはスウェッチン夫人〔Mme Swetchine, 一七八二―一八五七〕で、彼女の有名なパリのサロンは一八三〇年代、四〇年代には教皇至上主義的カトリシズムの本拠となった。だが他にもド・メストルの仲間《セナークル》の一員となり、その時代のサンクト・ペテルブルクでもっとよく知られていた改宗者があった。その中にはエドリング伯爵夫人（旧姓ストゥルザ、名高いファナリオットの陰謀家〔注47参照〕）、トルストイ伯爵夫人、アレクサンドル・ゴリツィン公、ミハイル・ゴリツィン公、イヴァン・セルゲエヴィチ・ガガーリン公があり、ガガーリン公は後にパリでイエズス会に入り、メモワールをかいている。（実際ペテルブルクの貴族たちに対するド・メストルの影響をもっとも明らかにするのは彼とスウェッチン夫人の回想である。）それに忘れてならぬのはシチャゴフ提督の美しい夫人で、彼女のローマへの改宗は家族をいたく悲しませた。『戦争と平和』におけるエレン伯爵夫人とイエズス会士との関係についてのレフ・トルストイの非常に辛辣な描写はおそらくド・メストルのサークルの活動に基づいている。イリューミニズムは以前からロシア宮廷内のいくつかのサークルに深く浸透しており——皇帝自身ゴリツィン公と後にはフォン・クリュデナー夫人の影響のもとにこれに改宗した目立った一人であった。ド・メストルは若い頃フリーメーソンの支部に関係し、サン＝マルタンの敬虔な著作を称賛していた。彼はその著者を同盟者——ローマ教会の同伴者（ちょうど今世紀のある種のカトリック教徒がベルグソンをそう見たように）とみなした。彼は唯物論を融解し、人間の心を凍らせるプロテスタントから人を守り、カルヴィニズムの貪欲から真の教会への橋渡しの役を果たし、「人々を教義と霊的な観念に慣れさせ」（『全集』VIII 330）、そしてキリスト教世界の統一のために働いたというのである。ド・メストルはペテルブルクの雰囲気をよく心得、カトリックの大義に共感をかきたてるために為し得ることを行なった。とくにフランスのイエズス会士の保護のために働いたが、この修道会は以前に教皇の命令で解散させられ、修道士たちは革命を避けてロシアに逃げてきていたのである。ド・メストルは彼らの保護に働き、ロシアの地にイエズス会の学寮をつくる許可さえ彼らのためにとってやった。これらもろもろの活動に対してロシア正教会は次第に疑念を抱くようになっていた。実際、アレクサンドルが一八一七年、例によって突然に、明白な理由なしに(といっても正教会の長に強要されたことは確かだが)ド・メストルに即時退去を求め、深く失望させたのは、彼が生涯深く傾倒したイエズス会の闘士として熱心に活動したためであり、また生まれのよい人々を釣り上げて改宗させたからであろう。彼はパリ経由でトリノに帰り、五年後に死んだときにはピエモンテで位の高い閑職にあり、その傑作『サン・ペテルブール夜話』はまだ出版されていなかった。

(108)　ファゲはこれはただどんな考えでも相手側の考え——この場合にはコンディヤックやコンドルセ、その友人たちの考え——は論駁してやろうという欲求のなせる業だと考えている。そうかもしれない。ド・メストルの動機が何であれ、それは力強く鮮やかになされた反撃である。

(109)　『全集』IV 205–10, VI 458–9では、ヴォルテールをペストに侵された貴重荷物にたとえている。

(110)　『全集』IX 494.

(111) 〔おそらく *Mémoires de Rivarol* (Paris, 1824), pp. 64–5 に基づく。リヴァロルはここで、自由を漸進的に導入することを薦めている。〕

(112) 〔Bertrand Russell, *A History of Western Philosophy* (New York, 1945; London, 1946), Chapter 23, 2nd paragraph.〔B・ラッセル『西洋哲学史』市井三郎訳、みすず書房、合本版、二〇二〇年、二〇六―二〇七頁。〕〕

(113) Sir James Fitzjames Stephen, *Horae Sabbaticae*, third series (London, 1892), p. 254.

(114) 『全集』IV 22–8.

(115) 『全集』I 87.

(116) 『全集』I 56.

(117) 『全集』I 74.

(118) 同前。

(119) 『全集』I 78.

(120) 『全集』I 127.

(121) 『全集』V 108.

(122) 『全集』I 68.

(123) Stephen, *op. cit.*(注113), p. 306.

(124) 『全集』I 40.

(125) F. A. de Lescure, *Le Comte Joseph de Maistre et sa famille 1753–1852: études et por-*

traits politiques et littéraires (Paris, 1892), p. 6.

(126) J. Dessaint, 'Le Centenaire de Joseph de Maistre,' *La Revue de Paris*, 1 July 1921, pp. 139–52: see p. 143.

(127) ド・メストルをイタリアのリソルジメントの先駆者に仕立てる試みについては、彼の外交書簡集を編纂したアルベール・ブランの著作（注17参照）、既出のJ・マンドゥルの本（注78）、——また後にはアドルフォ・オモデオなどの鋭利な学者（*Un reazionario: il conte J. de Maistre* (Bari, 1939)）も——を見よ。これらの著者はド・メストルをほとんどイタリアの自由主義的愛国者の一人、マッツィーニに並ばぬとしてもロスミーニ〔Antonio Rosmini-Serbati, 一七九七—一八五五〕やジョベルティ〔Vincenzo Gioberti, 一八〇一—五二〕に匹敵するものと扱っている。だがこうした見方に根拠はないように思われる。ド・メストルは反ガリカン主義者であり、教皇の世俗における権威を擁護した。危急の場合に彼が、ヴァティカンがイタリアを統一し、世俗の、外国に支配された君主国や共和国に分かれた分裂を終わらせることを期待した人々の列に加わり得たのはこのためである。また彼はどこかで、政治意識のある人間にとって外国の支配に服さねばならぬことほど辛いことはないと確かに言っている。——いかなる民族も他国に従属しようとは望まぬ、したがって民族の解放者に誉れあれと。だがこの別に特異ではない常套句からド・メストルをリソルジメントの予言者に仕立てあげるには距離がある。何らかの愛国的感情に身を委ねたという限りでは、彼は最後の日まで、「ヨーロッパに真の統治権を行使する」（『全集』I 8）フランスの熱烈な賛嘆者であり、その王室の変わらぬ支持者であった。ボンバ王にはあの偉大な王家の血が流れていたから、おそらく理想主義の革命家たち以上に彼にとって重要だったであろう。自由主義と民主主義を彼は憎み、軽蔑した。そしてもちろん革命は社会秩序が蒙るあらゆる運命の中で最悪のものであった。

(128) 『全集』V 13.

(129) こうした珍説の全部ではないがいくつかは Constantin Ostrogorsky, *Joseph de Maistre und Seine Lehre von der höchsten Macht und ihren Trägern* (Helsingfors, 1932) に集められている。

(130) 「真正のキリスト教哲学者の姿をしたディドロ風の雄弁家 un *Diderot* déclamateur dans un philosophe chrétien et sincère」 A. de Lamartine, *Cours familier de littérature* (Paris, 1859), vol. 8, p. 44.

(131) 'Joseph de Maistre'(注13参照), p. 427.

(132) *Ibid.*, p. 429.

(133) 'Correspondance diplomatique du Comte Joseph de Maistre', *Causerie du lundi*(注13) (3 December 1860), vol. 15, p. 68.

(134) George Marie Raymond, 'Éloge historique de S. Excellence le comte Joseph de Maistre', *Memorie della Reale academia delle scienze di Torino 27* (1823), p. 188.

(135) 『全集』XIV 183.

(136) Léon Bloy, 'Le Christ au dépotoir', *Le Pal* No. 4 (2 April 1885): *Œuvres de Léon Bloy*, ed. Joseph Bollery and Jacques Petit (Paris, 1964–75), vol. 4, p. 83.

ジョルジュ・ソレル

田中治男訳

ソレルは今日なお変則的な人間類型に属するとみられている。一九世紀の他の思想家や予言者たちは、それぞれに相応しいレッテルをつけて、間違いなく分類されてきた。ミル、カーライル、コント、ダーウィン、ドストエフスキー、ワグナー、ニーチェ、さらにマルクスも含めて、これらの人々の理論、影響、人格などは、思想史の博物館のそれぞれの棚の上に、間違いなく配置されている。ソレルは、生前においてもそうであったのだが、今なお分類されないままおかれている。そして、右翼と左翼のいずれからも、自分たちの側の人間だと主張され、また反対にそうでないといって拒否されているのである。彼は一体、彼のひとにぎりの弟子たちが公言しているように、圧倒的な天才性をもった大胆にして華麗な革新家だったのであろうか、それとも、ジョージ・リヒトハイムがいっているように、ただのロマンティックなジャーナリストにすぎなかったのであろうか。また、G・D・H・コールの軽蔑的な表現でいえば(1)、「血をみて嘆いている」ペシミストであったのか、あるいは、(クローチェに従って)マルクスとともに、社会主義がこれまでにもった唯一の独創的思想家であったとみるべきであるか、それとも、レーニンが冷淡に規定したように、名うてのとんまというべきだろうか。私はここで何か答えを与えようとするわけではない。私の願っているのは、ただ、彼の主要な観念、そしてまた、(かなり濫用されている言葉を使うならば)それらの観念の現代とのかかわりについて何事かを語りたいということであるにすぎない。

一

ジョルジュ・ソレルは一八四七年にシェルブールで生まれた。彼の父は実業家であったが、成功しなかった。そのため、家族は非常な困窮生活を余儀なくされた。彼の従兄である歴史家アルベール・ソレル(一八四二―一九〇六)によれば、ジョルジュ・ソレルはまだ年少時に非凡な数学的才能を示していたという。一八六五年に彼はパリのエコール・ポリテクニック(理工科大学)に入学し、五年後には、技師として政府土木局《レポンゼショセ》に採用された。その後二〇年の間、数多くの地方都市で勤務することになった。一八七〇、七一年の瓦解の時期には、彼はコルシカにいた。一八七五年に、リヨンのホテルで病に伏した。そこで彼はマリー・ダヴィドという名の女中の看護を受けた。彼女はサヴォアの国境地方の農家出身で、敬虔だが読み書き能力の低い女性だった。この女性と彼はやがて生活をともにするようになる。彼は、手紙のなかで彼女のことを妻として語っているが、実際には、彼女と正式の結婚はしなかったと思われる。それは恐らく、このような身分違いの結婚に明らかにショックを受けた彼の家族の願望を尊重してのことであったとみられる。だが、それは完全に幸福な関係であったと思われる。彼は彼女を教育し、また彼女から学んだ。そして、一八九八年に彼女が死んだ後、彼は、彼女が彼に与えていた神聖なイメージを心に秘め、彼が生きている間ずっと、彼女の記憶を慈しみ、崇めていた。

四〇歳になるまでは、彼の生活は、平穏で、地方的で、人目につかない、フランスの典型的な下級官吏のそれであった。一八八九年に、彼の最初の書物が公刊された(『ソクラテスの裁判』)。一八九二年に、既に四五歳になり、主任技師の地位に就き、レジヨン・ドヌール五等勲章《シュヴァリエ》をも得ていたが、突然職を辞した。この時から彼の公的生活が始まった。彼の母が彼に小さな遺産を残していたので、彼はパリに移ることができた。彼は静かな郊外のブーローニュ・シュル・セーヌに居を構え、そこで死ぬまで、すなわち三〇年後の一九二二年まで暮らした。一八九五年から左翼誌への寄稿をはじめ、この時以来、彼はフランスにおけるもっとも論争的な政治的評論家の一人となったのである。

彼は一定の立場をもっていないとみられた。彼の批判者たちは、しばしば彼のことを、でたらめな方向を歩んでいるとして非難した。若い時には正統王朝主義者、一八八九年にもなお伝統主義者であったが、一八九四年までに、マルクス主義者になっていた。一八九六年に、彼はヴィーコについて称讃にみちた文章を書いた。一八九八年になると、彼は、クローチェ、またエドゥアルト・ベルンシュタインに影響されて、マルクス主義を批判しはじめたが、同じ頃にまた、アンリ・ベルグソンの魅力に深く捉えられた。彼は、一八九九年にはドレフュス派であり、その後の一〇年間は革命的サンディカリストとしてとどまった。一九〇九年までに、彼はドレフュス派にとって不倶戴天の敵となっており、その後二、三年のうちに、『アクション・フランセーズ』紙の編集に携わっていた王党主義者たちの仲間となり、また、バレスの神秘的ナショナリズムの支持者となった。彼は、一九一二年には、ムッソリーニの戦闘的社会主義について称讃の文章を書いたが、一九一九年には、より一層大きな称讃の言葉でレーニンについて書き、それはボリシェヴィズムに対する満腔の支持で終わっていた。だが、彼の生涯の最後の何年間かは、ドゥーチェ(ムッソリーニ総統)に対する讃嘆を隠さなかった。

その政治的見解がこれ程激しく、また予測もできない方向にくるくる変わる男の思想に、どんな信頼を寄せることができるであろうか。彼自身もまた、首尾一貫していると主張しはしなかった。一九〇三年に彼は、忠実な文通相手であった、イタリアの哲学者ベネデット・クローチェに宛てこう書いている――「私は毎日毎日その時々の必要に従って書いています。」(2) ソレルの著作にはどんな形式も体系もなかった。そして、彼は、他人の著作のうちにあるそのようなものから感銘を受けることもなかった。彼は押しつけがましく情熱的な談論家であって、その他の有名な談論家――ディドロ、コールリッジ、ゲルツェン、バクーニンらの場合も時としてそうであったように、彼の著作は挿話的、非体系的、未完結的、断片的であり、よくいって精々、何か直接的な問題関心に触発されて書かれた鋭い、論争的な評論ないしはパンフレットであって、緊密にまとめ上げられ、展開された理論体系のなかへ収めるべく準備されたものでもなければ、また、そのような体系としての資格を要求するものでもなかった。それにもかかわらず、ソレルが書き、語ったあらゆることを結びつけるひとつの中心的な糸は存在する。それは、たとえ理論でないとしても、態度であり、立場であり、また、独特の気質や不変の生活観の表現なのである。既成のあらゆる教義や制度に対して雨霰のように叩きつけられた彼の諸観念は、彼の友をも敵をもその魅力で惹きつけた。そして、今なお、その本来の性質および力の故のみならず、当時において小さな知識人グループに限られていたものが今日では世界大の拡がりをもつに至ったという事実の故に、その魅力は失われていないのである。ソレルは、その生前においては、精々、論争的ジャーナリストとしてみられ、また、力強い筆力と、異常な洞察を伴った折々のひらめきとを示すが、余りに不定見でしかも片意地なので、真面目で勤勉な人々の注意を長く留めておくことのできない独学者タイプとしてみられていたにすぎない。だが結局において、彼は、彼と同時代の数多くの尊敬された社会思想家たち——彼らの大部分を彼は無視するか、そうでなければ、軽蔑をあからさまに示しながら扱っていたのであるが——よりもはるかに侮り難い存在であると認められている。

二

人間社会の事柄に関心をもつあらゆる哲学者の思想は、結局のところ、人間とは何か、また何でありうるかについて彼らがもつ考え方に基礎をおいている。このような思想家たちを理解するためには、彼らが自分の見解を擁護したり、現実の、また可能な反論に論駁したりするときに用いるもっとも強力な議論の中身よりは、こうした基本的な観念あるいはイメージ(それは暗示的にとどまっているかもしれないが、彼らの世界像を規定しているのである)を把握することの方が肝要である。ソレルはひとつの指導観念《イデー・メトレス》によって支配されていた。それは、人間は創造者であり、受動的に受けとり、抵抗する術もなく流れに押し流されているときではなく、創造するときにのみ、自己を実現するのだという考え方である。人間の精神は、刺激に反応する機械的装置や有機体ではなく、それ故、人間科学などによって分析され、記述され、予測されうるようなものではない。ソレルにとって、人間とは、何よりもまず、自分の仕事のうちに、またそれを通じて自分自身を表現する生産者であり、自然によって提供された原料、それを彼は心の奥で抱かれ、自発的に湧き上ってくるイメージないしはパターンに従って造形しようと試みるのであるが、そのように原料を改変する活動に従事する変革者なのである。生産的活動それ自体がこのパターンを生み出し、それを変化させる。それは、自由に、どんな法則にも従属することなく自らを実現するのであり、創造的エネルギーをもった天然泉のようなものとみることができる。この天然泉の活動は、内的感情によって捉えられるが、科学的観察とか論理的分析によって理解できるものではないのである。人間とは何か、何でありうるかについての、他のあらゆる見解は誤りである。歴史の示すところによれば、人間は本質的に、幸福や平和や知識や他人に対する支配力や、あるいは来世における救済を求める者ではない。少なくとも、これらは人間の第一義的目的ではない。そのようになっているとすれば、それは、人間がその真の人間性から堕落してしまったからであり、教育、環境、境遇が人間の観念、性格を歪め、人間を無力で悪徳にみちたものとしてしまったからなのである。

人間は、その最善の、すなわち、もっとも人間的な状態においては、何よりもまず、個人的に、また、自分と身近な人々と一緒に、自発的で妨げられることのない創造的活動において、自分の人格を御し難い外界に対し押しつけるということから成る事業をなすことにおいて、自分自身を実現しようと試みるのである。ソレルは、彼の政治的敵対者であるクレマンソーの次の言葉を引用している――「生きているあらゆるものは抵抗する。」(3) 彼はこの命題を、彼がその生涯において信じたなにものにも劣らず強く信じていた。行動するのであって、他から行動を受けるのでないこと、選ぶのであって、選ばれるのでないこと、自然界と思想界とのうちにわれわれが見出す混沌に対し形式を課すること、これが、芸術および科学の両方の目的であり、人間そのものの本質に属することなのである。彼は、彼のエネルギーを減殺し、彼から独立性と威厳とを剝奪し、意志を抑圧し、彼のうちにあって独自的な自己表現のために闘っているあらゆるものを押しつぶし、それを画一化し、非人格化し、単調にし、最後には消滅させてしまおうと試みているあらゆる力に抵抗する。人間は、その事業のうちに、その事業によって、完全にただ一人で生きている。決して、受動的な享受や、平穏さや、安全によって生きているのではない。これらのものは、人間が、外からの圧力や習慣や約束事に屈服し、彼が不可避的に従わなければならない自然法則のメカニズムを、彼自身の自由に構想された目的のために利用することに失敗したときに、見出すものであるといえる。

もちろん、これは新奇な考え方ではない。それは、殊にフランス文明なるものと同一視された合理主義、啓蒙主義に対する大いなる反逆の中心に存するものであるが、それはまた、宗教改革後のドイツのより急進的なプロテスタント諸セクトを活気づけ、さらに、一八世紀末には、物質的諸力と穏やかな理性的知識とのいずれに対しても人間意志の優位を称讃するという形をとったものである。ここはロマン主義の起源を論ずる場所ではない。しかし、ひとは、ソレルの精神のなかで酵素として働いたものが、彼が初期ロマン派の作家たちの何人かと共有していた情熱的確信であったということ、そして、平和、幸福、利益などの追求、また、権力、所有、社会的地位、平穏な生活などに対する関心は、思想をもつ程の人間ならば誰であっても、人間生活の真の目的であると認める事柄——制作者という名に値する何ものかを作り出す試み、何ものかであろうとし、何事かをなそうとする努力、そして、他の人々における同じ努力を尊敬しようという努力——に対する軽蔑すべき裏切りであるということを理解しないならば、ソレル、あるいは彼の見解のもった影響力を理解しえないであろう。労働に従事するようにというたんなるパウロ的義務と対置されたものとしての、労働の権利、労働の尊厳の観念は、ずっと近代的な社会主義の中心に存するものであるが、もともとロマン主義的な考え方に起源をもっている。それは、謹厳なルター的敬虔主義のなかで育てられたドイツの思想家、とくにヘルダーとフィヒテがヨーロッパの意識に刻印したものであった。

ソレルは、彼の時代のパリのブルジョワジーの生活に激しい、そして終生変わらぬ嫌悪感を抱いており、それには、彼が気質的にある種の共通性をもっていたフローベールの抱いていた嫌悪感と同種の激越さがあったといえるのであって、これは、快楽主義と物質主義という対になった害悪に対してジャンセニストの示す憎悪と結びついたものなのである。第三共和政初期におけるフランスの政治生活のなかの機会主義と腐敗は、一八七〇年の〔対独敗戦〕後の国民的屈辱感情と一緒になって、ソレルにとって、それは多くのフランス人にとっても同じであったわけだが、深い傷を残す経験であったといってよいであろう。しかし、彼が、ルイ＝フィリップ時代の貪欲で、競争の激しいパリや、第二帝政期の金権的かつ快楽追求的なパリにおいては違った風に感じたであろうとは到底考えられない。一九世紀の営利的で、気取った、傲慢で、不徳義で、遊惰で、卑怯で、愚鈍なブルジョワ社会と必死に闘おうとする精神がこの時代の著作を満たしている。プルードン、カーライル、イプセン、マルクス、ボードレール、ニーチェらの著作、また、この時期の有名なロシア文学のほとんど全作品は、そのひとつの巨大なる告発状である。これこそ、ソレルが著述家としての生活の最初から最後に到るまで属していた伝統なのである。公的生活の堕落は、彼には、古代ギリシャの頽廃期やローマ帝国末期におけるよりもはるかに深く進行しているように思われた。議会制民主主義は、その欺瞞性と偽善性とでもって、彼には、人間の尊厳に対する我慢のならない侮辱であり、人間の本来の目的に対する冷笑であると思われた。民主政治は、投票が恥も恐れもなしに売り買いされる巨大な株式取引所に似たものとなっており、そのなかで、人間は、策略をこらす政治家たち、冷酷な銀行家たち、腹黒い実業家たち、三百代言《アヴォカスリィ》と三文文士《エクリヴァスリ》ども(4)――法律家、ジャーナリスト、教授と名のつく連中に胡麻化され、裏切られているのである。これらの連中はすべて、軽蔑すべき馬鹿者と奸智に長けた悪漢ども、ペテンにかける客とかけられる客たちでいっぱいの世界のなかで、金と名誉と権力とを求めて争っている。しかも、彼らは結局のところ、「人道主義によって愚鈍化された」ヨーロッパの「民主主義の泥沼のなかで(5)」搾取されている労働者に寄食しているのではないか。

三

西欧における社会思想の伝統は二つの中心的な教義によって維持されてきた。一方の教えるところによれば、人間の悲惨さ、愚劣さ、悪徳の究極的原因は無知と精神的怠惰とのせいであるとされる。プラトンからコントに至る理性主義者たちは、現実とは単一の理解可能な構造をもつものであると主張した。それ故、このような現実を理解し、解釈し、そして自分自身の本性を理解し、それをこの構造のうちにおくこと――このことのみが、特定の状況のなかで何が実現でき、何が実現できないかを明らかにしうるのである。ひとたび諸々の事実とそれらを支配している諸法則とを知ることができたならば、何人も彼なりの仕方で幸福や調和、知恵や美徳を望むとき、知識が明らかにしている目的への唯一正しい道以外を進むことはできない。理性的な、あるいはたんに正常な人間であるということは、人間生活のなかの数の限られた自然な目的のうちひとつ、あるいは数個だけを追求することを意味する。そうした目的がどんなものか、また、それらを達成するための正しい手段は何かについて無知であることだけが、悲惨や悪徳や失敗にひとを導くのである。この教義の科学的なあるいは自然主義的な形態が、啓蒙およびそれがその後、実際今日までも続く二世紀の間にとった多様な思想表現を生気づけるものとなったのである。ソレルはこうした接近方法を徹頭徹尾拒否した。彼は、世界が合理的調和をなすとか、人間の真の完成は、創造主――それが人格神であるか非人格的自然であるかを問わず――によって人間に指定された正しい位置が世界の何処にあるかを理解するかどうかにかかっているといったことを信ずるべきどんな理由も認めなかった。マルクスおよび半ば忘れられたイタリアの思想家ヴィーコ――ソレルは実際ヴィーコの著作の一九世紀における数少ない鋭敏な読者の一人であった――の影響下に、ソレルは、人間の有するあらゆるものは人間自身のたゆむことなき労働の所産であると堅く信じていた。たしかに自然科学は人間的努力の勝利であった。しかし、それは、実証主義者たちが一八世紀に主張していたように、自然の模写でもなく、地図でもなかった。この点で、一八世紀の実証主義者たちも、彼らの現代の弟子たちも誤っていた。自然には二種類のものがあった。まず、人為的自然。それは科学の自然であり、原子、電荷、質量、エネルギー等々といった観念的に構成された諸実体の体系である。これらの実体は、観察された斉一的傾向から合成された仮構であって、それらは、特に天文学の世界の内容のように人間の日常的関心からは比較的離れた領域のうちに存し、人々に宇宙の内実の幾部分かを確認させ、かつそれを予測し、さらには実際、制御すらさせうるような数学的処理の方法の慎重な適用を受けることができるようなものなのである。この自然を構成するために用いられてきた概念ならびに範疇は、人間的目的によって制約されていた。それらは宇宙から、人間にとって関心の対象となり、一般化を可能にするに十分な規則性を示す諸側面を抽象したものであった。これはもちろん、驚嘆すべき事業であった。しかし、それは、創造的想像力の事業ではあっても、現実の構造の厳密な再生ではなく、存在するものの地図でもなく、ましてその画像であるとはさらにいえなかった。こうした一連の定式、すなわち、体系を構成する想像上の実体と数学的諸関係の組み合わせの外に、「自然的」自然、それこそ現実の事物であるものが存在した。それは、混沌とした、恐るべきものであり、制御し難い諸力から成るものであった。だが、人間はこれらの力と格闘しなければならず、また、もし彼が生きのび、創造していくことを志すとすれば、それらを少なくとも部分的には屈服させなければならないのである。たしかに、これは、人間の有する諸科学の助けを得てなされる。しかし、対称性とか統一性とかは、第一の、すなわち、人為的な自然の属性であり、人間の知性の構成物であって、見出されるのではなく、作り出されるところの何ものかなのである。現実が調和的全体であり、理性にその論理的必然性が開示されるような合理的構造であり、理性的存在としての人間がそれを他の仕方においてなお合理的にとどまりうるものと考えたり願ったりしても不可能であり、それ故、そのなかにおいて満足し、充たされていると感じなければならないような驚くべく首尾一貫した体系であるとする仮定、こうした仮定はすべてとんでもない誤謬である。自然は完全機械でも精妙な有機体でも合理的体系でもない。それは未開のジャングルである。科学は、われわれに可能な限りうまくそれを処理するための技術なのである。われわれがそのような技術を同じように人間にまで拡張するとき、人間を貶しめ、非人間化することになる。というのは、人間とは行為の主体であって、対象でないからである。もしキリスト教がわれわれに何事かを教えたとすれば、それは、われわれに、宇宙において絶対的価値をもつ唯一のものは人間の魂であり、それこそが行為し、想像し、創造する唯一のもの、それに対して働き、抵抗を受けないならば、われわれを奴隷化し、究極的には塵介と化してしまうような非人格的諸力に抵抗する唯一のものであるということを理解させたことであった。これは、われわれの上に永遠におおいかぶさっている脅威である。それ故に、生とは絶えざる闘いなのである。

この真理を否定することは浅薄な楽観主義であり、これこそ、ソレルが、カーライルと同様に、生涯を通じて軽蔑した浅薄な一八世紀を特徴づけるものなのである。自然の法則はたんなる記述ではない。それらは、彼がウィリアム・ジェームズ（および恐らくはまたマルクス）から学んだように、戦略的武器なのである。クローチェは彼に、われわれの範疇は行為の範疇であり、それらの範疇は、われわれの行動的自我の目標が変わるにつれて、われわれが現実と呼んでいるものを変える、すなわち、それらの範疇は、実証主義者が主張したように、時間を超えた真理を確立するものではない、と教えた。

「われわれは、われわれの意志から、多少とも完全に逃れていくものを、物質、あるいは基体とみなしている。形式の方がむしろわれわれの自由に対応するものである。(6)」行為と関係をもたず、経験を超越しようと試みる体系や理論、大学教授や知識人が非常に得意とするものは、人間が現実の混沌状態と直面することを避けて逃れ込む抽象であるにすぎない。科学的(そして政治的)なユートピアなるものは、これら抽象的なものの合成である。このようなユートピアを支えているわれわれの未来についての疑似科学的予言は、占星術の現代的形態以外の何ものでもない。このような図式が人間存在に適用されると、恐るべき損害がもたらされることになる。われわれ自身の構成物、案出物を永遠の法則あるいは神的命令と混同したことが、人間の抱いたもっとも破滅的な幻想のひとつである。これが、フランス大革命において生起したことである。実際の自然と人為的自然という二つのものを混同するとは、まったく間違ったことである。しかし、啓蒙哲学者たち《フィロゾーフ》は、概していえば、真正の科学者ではなかった。彼らは、科学を実際に応用することなく科学についてお喋りをしていた社会理論家、政治理論家であったにすぎない。『百科全書』は人間の真の知識や技術を改良しはしなかった。科学の効用についてのイデオロギー的なおしゃべりや楽天的評論ジャーナリズムは科学ではない。それらは、実証主義と官僚主義、要するに通俗的科学(la petite science)に導くだけである。

この種の理論が人間社会の事柄に無慈悲に適用されると、その結果は恐るべき専制主義以外の何ものでもない。ソレルはここでほとんどウィリアム・ブレイクの使った言葉で語っている。知識の樹が生命の樹を殺してしまった、ということである。ロベスピエールとジャコバン派は、人間生活を、彼らにとっては客観的真理に基礎づけられていると思われた諸規則に還元してしまうことを試みた狂信的衒学者なのである。彼らが作り出した諸制度は、自発性と発明力を押しつぶし、人間の創造的意志を奴隷化し、麻痺させてしまったのである。

ソレルにとっては、行動的存在であることを本質とする人間は、二つの同様に破滅的な危険に絶えず脅やかされている。それは、〔『オデュッセイア』で有名な〕スキュラの岩とカリュブディスの渦巻とである。スキュラとは倦怠、精力喪失、頽廃であって、このとき、人々は緊張した努力から弛緩して、饗宴の席に立ち戻るか、それとも、静寂主義に落ち込んで、あらゆる名誉、活力、誠実さ、独立性を破壊し、それに代えて、奸計と詐術との支配、官僚制の冷たい手、破廉恥な黒幕たちによって彼らの利益になるよう変えられてしまうことのできる法律などをもたらすずる賢い策士たちのペテンの犠牲になってしまうかのいずれかなのである。そして、こうした連中を助け、煽《おだ》てるのは一群の玄人たちであって、彼らは、権力の座にある者たちの売春婦、侍僕であるか、怠惰な芸人、おべっか使いの寄生生活者であり、ヴォルテールやディドロのように、「堕落したアリストクラシーの道化」(7)ともいうべき存在で、怠惰で享楽的な貴族の趣味を模倣しようと努めるブルジョワたちに他ならないのである。カリュブディスとは狂信的理論家たちによる専制主義である。それは「自分の計画に対して向けられた予期しない妨害のため猛り狂ったオプティミストの血なまぐさい狂気沙汰」(8)であり、この種のオプティミストは、現在の残骸の上に未来の幸福を築き上げるという名目のため、現在を滅茶苦茶にこわしてしまっても平気なのである。これら二つのものの交互の出現が、不幸な一八世紀を特徴づけている。

不断に迫るこの両面の危機から人々はどのようにして救い出されることができるか?ただ精神の強さによってのみ。すなわち、恐怖や貪欲に捉われていない完全に鍛え上げられた人間、その想像力や感情を純理論派の連中によって拘束されたり、知識人によって台無しにされたりしていない人々、こうした新しいタイプの人間を発展させることによってのみ可能なのである。ソレルの見方は、若い頃のトルストイやニーチェの見方と似ている。それは、かつてホメロス時代のギリシャにおいてそうであったような、文明的懐疑主義や批評的詮索の腐蝕的効果から免れた生の充実性についての見方であった。真の人間的絆を創り出すものは、推論によって培われた確信、共通観念を有しているということではなく、共通の生活と共通の努力によることである。あらゆる結合の真の基礎は家族であり、部族であり、ポリスであって、そのなかにおいて、協力は本能的、自発的なものであり、規則や契約や考案された装置に依拠してはいないのである。資本主義制度の政治的経済的機構において端的にみられるような、何らかの人為的協定に拠った、利益ないし功用のための結社は、共通の人間性という感覚を窒息させてしまい、競争的便宜主義の精神を生み出すことによって、人間の品位を破壊してしまう。アテネは、ソクラテスがやって来て、理論を紡ぎ出し、緊密に結合して、かつては英雄的でさえあった共同体を、懐疑をまき散らすことによって、また、人間のもっとも奥深い、もっとも生の重味を担った本能に起源をもつ確立された価値を掘りくずすことによって、解体させてしまうという不とどきな役割を果たすまでは、不滅の傑作を数々生み出していたのである。

ソレルは、まだ〔南仏〕ペルピニャンの町の地方技師であったときから、こういう仕方で著作をはじめていた。彼の友人、ダニエル・アレヴィ〔一八七二―一九六二〕は、ソレルは当時、後になって大いに称讃するようになるニーチェの著作をまだ読んでいなかった、とわれわれに証言している。しかし、ニーチェとソレルの、ソクラテスに対する非難は同趣旨のものである。彼ら二人はともに、ソクラテス告発者の側に立った。ソクラテス、そして彼の弟子であるプラトン、これらの大知識人こそが、生を破壊する種子を植え付け、それらが成育した末に、抽象、アカデミー、観想的批判的哲学、ユートピア的構想などを美化する態度を根付かせ、こうして、ギリシャ的生命力とギリシャ的天才とを没落に導いたのであった。

頽廃の方向を転ずることはできるだろうか？　どこに求められるべき永遠の救いはあるか？　人々が伝統的にそこに保証を求めてきたもう一つの古来からの教義がある。それは目的論である。歴史は、もし何らかの究極目的を欠くならば、意味のないものであるだろう――すなわち、たんに因果的連鎖であるか、数多くの無関係の挿話から成る混沌であるにすぎないであろう、と考えられた。そこで、究極目的を欠いた歴史などというものは考えられないことであるとみなされた。理性は「生ま生ましい」事実のたんなる並列という観念を拒否する。何らかの目標あるいはパターンを目指しての前進ないし成長がなければならない。人間精神は、あらゆる偶発事や挫折にもかかわらず、物語が幸福な結末に到るだろうという保証を幾分かは求めているものである。摂理がわれわれを計り難いやり方でそのような結末に向けて導いているか、それとも、歴史が大きな宇宙的精神の各段階を経ての自己実現として捉えられ、あらゆる人間、あらゆる制度、そして恐らく自然全体が、このような精神の変化していき、進歩していく形での表現であると考えられるかである。それとも、あるいは、永遠に挫折することがなく、またそのようなことがありえないのは人間理性それ自体であって、それは、遅かれ早かれ、外来的なものであれ、自生的なものであれ、あらゆる障碍に打ち勝ち、人間がそこにおいて、理性的被造物として、意識的にせよ無意識的にせよ、そのようなものでありたいと努めているどんなものにでもなる、そういう世界を打ち立てるに違いないのである。ヘブライ的信仰とアリストテレス的形而上学とのこの混合は、その形而上学的ないし神秘的ないし世俗的形態において、最近三世紀間の思想を支配し、他の仕方では絶望に陥ったかもしれない多くの人々に自信を与えたのである。

人間がその希望をかけてきたこれらの主要な知的伝統——知識による救済というギリシャ的教義および神義論としての歴史についてのユダヤ教的キリスト教的理論は、ソレルによってほとんど拒否された。彼は、全生涯を通じて、二つの絶対者を信じていた。それは、科学と道徳という二つの絶対者である。科学は、人間的作為によるものであるとしても、あるいは恐らく、その故に、ある種の出来事の分類、予測、制御をわれわれに可能にしてくれる。科学的問題提起の枠組みとしての概念や範疇は、文化的変化に応じて変わるかもしれない。だが、解答の客観性や信頼度は変わるものではない。しかし、それは現実に対して武器となるものであって、その存在論となり、その分析となるもののではない。科学という巨大機械は形而上学や道徳の問題に答えを与えることはない。人間生活の中心的諸問題を手段、すなわち技術の問題に還元するのでは、それは一体何であるのかということを理解することにはならないのである。技術的進歩を文化的進歩と同一視したり、あるいはその保証であるとすら考えたりすることは、道徳的無分別さに他ならない。ソレルは一連の論文を著わして、技術と生活とを混同することからくる一般的な人間的進歩という観念や、最初は一七世紀末の文人たちによって提起されたのであるが、彼ら近代の人間は必然的に古代の人間より優越しているというとんでもない主張の不条理さを論証することに努めた。人間の完成可能性に対する神学的あるいは形而上学的信念に関していえば、それらは、藁にもすがりたいという感傷、弱き者の逃げ場であるにすぎない。

科学も歴史も慰めを与えはしない。テュルゴーとコンドルセ、そして彼らの一九世紀における弟子たちは貧弱であり、歴史はわれわれの側にあると信じている幻惑されたオプティミストたちである。いや、そのようになりもしよう。だが、歴史がわれわれの側に立つのは、われわれが歴史をそのようにするときにのみ、すなわち、われわれが、抑圧者にして搾取者である連中、生の現実を破壊する、退屈極まりない平等主義者たち、主人たちと奴隷たちに対してよく戦い、民主主義者と金権主義者、衒学者と俗物たちに対し、崇高なもの、英雄的なものを守ろうとするならば、そのときにのみ実現されることなのである。

ソレルは、個人においてであれ、社会のなかであれ、何が健康であり、何が病気であるかについて、いささかも疑念をもっていない。ホメロス時代のギリシャ人は、それなしには社会が創造的でありえず、偉大さの感覚をも有しえないような価値の光のなかで生きていた。彼らは勇気、強さ、正義、忠実、犠牲、そして就中闘争そのものを称讃していた。彼らにとって、自由は理想でなく、現実であった。すなわち、成功した努力のもたらす感情であった。その後(そしてこの考え方は恐らくヴィーコからきている)、懐疑主義、詭弁、安逸な生活、民主主義、個人主義、頽廃が現われた。ギリシャ社会は解体され、征服された。ローマもまた、かつては英雄的であったが、法律万能主義と生活の官僚制化とに身を屈した。後期ローマ帝国は、人間がそのなかで窒息させられるように感ずる鳥籠であった。

人間の旗を一度は高く掲げたのは初期の教会であった。初期のキリスト教徒が信じていた内容は、腐蝕的な知性がそこに浸透してくることを許さなかった信仰の強さと比べて、それ程重要ではない。何よりも、これらの人々は妥協することを拒否した。初期のキリスト教徒は、ローマの官憲と交渉して、自分たちを迫害から救い出すこともできたであろう。彼らはむしろ信仰、誠実、犠牲を選んだのである。ソレルは繰り返しいう――譲歩はつねに、結局は自己破滅に導く、と。唯一の希望は、ひとがそれによって生きているのだということを本能的に知っているそのものを弱めようと目論んでいる諸勢力に絶えず抵抗するところにのみ存するのである。教会が勝利し、世界と和解したとき、教会は世界に感化され、それ故堕落していった。蛮族はキリスト教に改宗したが、それは世俗化したキリスト教に改宗したのであって、彼らもまた没落していった。

殉教者たちの英雄的キリスト教は頽廃した国家に対する防禦である。しかし、それはそれ自身内在的に、社会を破壊する性質をもつ。キリスト教徒は(ストア派もまたそうであるように)生産者でない。福音書は、旧約聖書やギリシャ文学と違って、貧者や隠者に向けて呼びかけたものである。富に無関心で、日々のパンで満足している社会は、活発で創造的な生活を受け入れる余地をもたない。キリスト教は、あらゆるイデオロギーと同様、またその世俗的模倣ともいうべき、後代のユートピア社会主義と同様、「社会生活と精神とを結びつける紐帯を断ち切り、到る処に、静寂主義、絶望、死の種子をまき散らすのである。(9)」カエサルに帰せしむるものは余りに少なく、教会に帰せしむるものは余りに大きい。これは、消費者の組織体であって、(ソレルの意味における)生産者の組織体ではない。ソレルは、辛苦に慣れたユダヤの農民やギリシャのポリスの堅固な価値に立ち帰ることを望んでいる。彼らの許にあっては、これらの価値について疑問を呈することさえ破壊的なことであるとみなされたのであった。ソレルは、幸福にも救済にも関心を寄せていない。彼が関心をもつのは、ただ、生活それ自体の質であり、通常徳と名付けられるもの(それは彼の場合、ルネサンス的な徳力《ヴィルトゥ》に大いに類似している)なのである。ジャンセニストと同様、またカントやロマン派と同様、ソレルは、動機と性格とに価値をおき、結果や成功は重くみない。

聖職者や修道士たちの手に公共の富が蓄積されたことが、西ローマ帝国の窮乏と没落に大きな役割を果たした。しかし、没落の後には常に復興への希望がある。ヴィーコは還帰(ricorso)について語らなかったであろうか——それの意味するところは、歴史の一サイクルが道徳的弱化と頽廃とのうちに閉じたとき、新しいサイクルが、野蛮で、新鮮で、単純で、敬虔で、強力な力をもって物語を再び始めるということであった。ソレルは、ニーチェも示した熱狂でもって、この命題を強調する。彼は、腐敗堕落に対する決然たる道徳的抵抗のあらゆる事例に感銘を受け、従ってまた、迫害下の教会や〈戦いの教会〉の物語に魅せられた。彼は〈勝利した教会〉にはほとんど関心を示さない。彼は〈ベルグソンの影響を受けるようになってから後は一層はっきりと〉社会的神話、永遠の階級闘争、暴力、ゼネラル・ストライキなど、彼がそのもっとも有名な提唱者となった諸理論を発展させることになるが、それは、今述べたような抵抗や再生の諸運動と関連しているのである。

もっとも暗い頽廃期においてさえ、社会的有機体は病気に抵抗する抗体を発展させる――すなわち、屈服することなく、立ち上り、人類の名誉を救おうとする人々がその役割を果たすのである。後期ローマ社会による全面的な堕落状態から人類を救った聖者や殉教者たち、献身的な修道士団などをみよ――一体どんな人々が今日このような資質を体現し、ルネサンス期の偉大な傭兵隊長《コンドティエリ》や芸術家たちの徳力《ヴィルトゥ》を有しているであろうか？あるいはアメリカの実業家のうちにそのようなものが幾分か存するかもしれない。彼らは、大胆で、企業心に富み、創造的な産業指導者であって、彼らの意志を自然および他の人間の上に及ぼしているからである。しかし、彼らもまた、彼ら自身がその指導者である資本主義の一般的腐敗に染まっている。そのような資質を有する唯一つの真の集団が存在している、とソレルには思われた。それは、労働によって救済されている人々、労働者階級、すなわち現代における唯一の真に創造的な階級である。ブルジョワ的生活の魔力に道徳的に捉われていないプロレタリアは、ソレルにとって、英雄的であり、正義と人間性とについて自然な感覚を身につけ、道徳的に堅固で、知識人の詭弁や饒舌を相手にしない存在であると思われたのである。

一九世紀の最後の何年かの間、ドレフュス事件を契機に結成された左翼の統一戦線のなかで、また恐らくは、ドイツのベルンシュタインの修正社会主義の影響も受けて(ソレルにはこれはともかくも経済的現実に基礎をもっていると思われた)、ソレルは労働者階級のための政党という構想を支持した。しかし、間もなく、彼はサンディカリストのジャーナリスト、ラガルデル(ユベール、一八七四—一九五八)の立場を受け容れるようになった。ラガルデルは『社会主義運動(*Le Mouvement socialiste*)』という評論誌を主宰し、ソレルの論文の多くもそこに発表されたのであるが、彼の立場というのは、人間を真に団結させるものは意見ではない、なぜなら信条などというのは、言葉と観念をもてあそぶイデオローグたちによってまき散らされる上っ調子な代物であり、互いに共通点を根本的にもっていないさまざまの社会階層の人々によって抱かれることもできるからである、とするものであった。人々が本当にひとつになるのは、ただ現実的な紐帯によってのみである。それは、プルードンやル・プレエ(一八〇六—八二。権威に基づく社会改造論者)の強調したように、道徳的生活の不変の単位たる家族によってであり、また、共通の大義のため殉教することによってであるが、何よりもまず、共に労働すること、共同の創造行為によってであり、また、労働者に素材を提供する生命を欠く自然と、彼らの労苦の果実を略奪しようとねらっている雇用主たちとの両方の圧力に一致して抵抗することによってなのである。労働者がひとつの党派に結合するのは、権力への野望のためでもなければ、物質的利益のためでさえもない。彼らは社会的形成体であり、階級なのである。諸階級の真の性格を発見し、それを、資本家とプロレタリアとの間の葛藤によって引き裂かれているが、それによってまた前へと駆り立てられている社会の生産過程との関連において定義したのは、マルクスの天才によることであった。ソレルはマルクスに対する彼の信念を決して放棄しなかった。だが、彼はマルクスの理論を選択的に活用したのである。

ソレルは(自分自身のヴィーコ解釈によって補強してのことであるが)、マルクスから、労働し創造するために生まれた能動的存在という人間観を引き出している。ここからまた、道具に対する人間の権利も導き出される。というのは、道具は人間の本性の延長なのであるから。今日における労働のための道具は機械である。機械体系は社会的結合材であり、それは、ソレルの信念では、言語と比べてさえより一層効果的なものなのである。あらゆる創造は本質上芸術的であり、工場は、現代の生産者たちの社会的詩作が展開される舞台とならなければならない。人間の歴史は、技術発展の非人格な物語以上のものである。発明、発見、技術、生産過程等は、精神、そして何よりも意志を担った人間の活動の所産である。人間の価値、彼らの実践、彼らの労働は、ひとつの動的で、継ぎ目のない全体である。ソレルはヴィーコに従って、われわれ人間は出来事のたんなる犠牲者や観察者ではなくて、行為者であり創始者であると主張する。マルクスもまた引き合いに出されるが、彼は、時に、ソレルにとっては余りにも決定論者でありすぎるとみられる。しかもマルクスは、より実証主義的なマルクス解釈者――エンゲルス、カウツキー、プレハーノフ、その他ブルジョワ的経済学者ならびに社会学者と同様、通俗科学に傾斜した人々――の手にかかると一層決定論者とされてしまうのである。だが、社会法則・経済法則は鉄鎖でも、締め付け枠でもなくて、可能な行動のための指導要綱であり、行動によって、行動のなかで生み出され、発展させられるものなのである。未来は開かれている。ソレルは、『資本論』のうちに沢山見出される、「不可避的結果に向けて鉄の必然性をもって働く諸傾向」といった類の決定論的言辞を拒否する。マルクス主義は「強い人間に適した生活の教義である。それはイデオロギーをたんなる道具の役割にまで還元してしまう。」(10) ソレルにとって歴史は、ヘーゲルにとってそうであったと同じものである。それは、人間が作者であるとともに俳優となるドラマである。それは、何よりもまず、生命力を表わす諸勢力と没落を表わす諸勢力の闘争であり、能動性と受動性との間の、動的エネルギーの怯懦・屈服に対する闘争なのである。

ソレルにとって、マルクスのもっとも深遠な唯一の洞察は、階級闘争を社会的変化全体の母胎であるとする考え方である。創造とは常に闘争である。ギリシャ文明は、ソレルにとって、大理石を刻む彫刻家によって象徴されている。石の抵抗、抵抗そのものは、創造の過程にとって本質的なのである。現代の工場においては、闘争はたんに人間――労働者と原料を提供する自然との間に存するだけではなく、労働者と、他人の労働者を搾取することによって剰余価値を抽出しようと企てている雇用主との間にも生ずる。この闘争において、人間は、鋼鉄と同様に、精練される。彼らの勇気、自尊心、相互の連帯は成長する。彼らの正義感もまた発達する。というのは、正義とは、プルードン（ソレルにとって彼に負うところはマルクスより大きい）に従えば、他人に加えられた屈辱によって惹き起こされた憤激の感情から発する何ものかなのであるからである。辱かしめられたものはあらゆる人間に共通のものなのである――彼らの人間性はわれわれのものである。人間的尊厳に対する侮辱は、攻撃者によっても、傷つけられた者によっても、また第三者によっても、感じられる。彼らすべてが自分たちの内部に感ずる共通の抗議か、正義・不正義の感覚なのである。これこそが社会主義者たちのうちの幾人かを自由主義的ブルジョワと団結させて、ドレフュス事件の際に軍部および教会の謀略に対抗せしめたものであり、また、ソレルとシャルル・ペギー〔一八七三―一九一四〕とを結びつけたものであった。ペギーは決してマルクス主義者ではなかったが、しかし、フランスが正義を厚顔無恥に踏みにじることによって名誉を失ってしまうのをみることを望まないどんな人とも一緒に働こうという姿勢を保っていた。一八九九年に、ソレルは、アルマーヌ派〔ジャン・アルマーヌはパリ・コミューンにも参加した労働者。当時、ポシビリスト・グループの指導者の一人、一八四三―一九三五〕の労働者がジョレスの側に立って「真理、正義、道徳」のため示威行進した際の「讃嘆すべき熱情」について語っている。(11) そのジョレスに対し、彼はやがて、まさにこれらの性質の欠如を理由として激しい攻撃の矢を向けるようになるのである。

正義は殊に、ジョレスにとって絶対的価値であり、歴史的変化の試練を経たものである。彼の正義観は、カントおよびプルードンの場合と同様に、厳格な育ちのうちに根をもつものであるといえるかもしれない。ソレルは感傷的人道主義を毛嫌いしていた。民衆が人間のなす犯罪に恐れを感じなくなるとき、それは彼らにおける正義感の衰退を意味する、と彼は考えている。人道的民主主義を特徴づける寛大さに対する感傷的な傾向や無関心よりは、非情な応報の方がましである。彼をひとつの極端な対応策から他の極端に駆り立て、愚劣または邪悪との妥協への傾向を含む疑いのあるあらゆるものを彼に忌避させたのは、当時のフランスの公共生活のなかで正義感覚――それは彼にとって絶対的道徳的緊張をもった一種直観的な感覚であった――を希薄にさせていると彼がみなしたものに対する憤激である。ソレルにとって、マルクスの唯一にして最大の弱点であるとみられたのは、絶対的道徳的価値についての感覚の欠如であり、人間生活のなかで道徳的意志の果たす決定的役割の欠如である。マルクスは余りに歴史主義的、決定論的、相対主義的であった。ソレルの妥協なき主意主義は彼の全見解の中心に存している。マルクスにおいては経済に対して余りに大きな強調がおかれ、倫理教説には十分の配慮がなされていない。

真の道徳的価値の担い手は、今日ではプロレタリアートである。労働者階級のみが、労働、家族、犠牲、愛に対して真の尊敬を抱いている。彼らは節倹で、品位をもち、誠実である。ソレルにとっては、フランス・サンディカリスムの真の創始者であるフェルナン・ペルティエ〔一八六七―一九〇一〕にとってと同様、労働者階級は恩寵によって祝福された存在なのである。ソレルにとっての労働者は、ゲルツェンにとっての農民、ヘルダーや民衆主義者にとっての「民衆《フォルク》」、バレスにとっての「民族《ナシヨン》」と同じものであった。彼がある種の保守主義者と共有していたのは、このような伝統主義である。また、労働者階級の道徳的品位と、デモクラシー諸国において成功した融通の利く、利巧な連中の性格および値打ちとの間の裂け目についての意識を彼のうちで深めさせたのは、素朴で敬虔なマリー・ダヴィドとの家庭生活の実質である。彼は、プルードン、ペギー、ペルティエ、その他、正義と独立とのためにはいかなる犠牲をも払う覚悟のある妥協なき闘士たちのうちに、こうした厳しい一貫性がある、と見出した、もしくは、それを見出したと考えていた。彼は同じものを、王党派の文人たち、超国家主義者たちのうちに、また、第三共和政の御都合主義的支持者やそのデマゴーグに対するあらゆる抵抗のうちに、探し求めた。ここからまた、彼がデルレード〔一八四六―一九一四。一八八二年に結成された〈愛国者同盟〉の総裁〕流の民衆的ナショナリズムやブーランジェ派の戦線全体に対して何ら共感を抱かなかったことが説明される。彼は、「火の十字団《クロワ・ド・フウ》」〔一九二〇―三〇年代に在郷軍人を中心に組織された右翼的行動団体〕には賛成したかもしれないが、プジャーディスム〔一九五〇年代中葉に反税闘争で名を上げ、議会にも大量進出した右翼政治家ピエール・プジャードのグループ〕を是認することは決してなかったであろう。

ソレルのマルクスに対する関係は性格づけるのがより困難なものである。社会変動の中心的要因としての諸階級の存在と階級闘争、一時的な階級的利益を偽装するものとしての普遍的超時間的理想、自己変革的創造的道具発明的存在としての人間、最高の人間的価値の担い手としてのプロレタリアート＝生産者、こうした観念をソレルは決して放棄しなかった。しかし、彼は、事実と価値とを融合させてしまうヘーゲル的マルクス的目的論全体を拒否した。ソレルは絶対的道徳的価値の存在を信じていた。ヘーゲル的マルクス的伝統のうちにある歴史主義は、彼にとって受け容れうるものではなかった。基本的な道徳的ないし政治的原理にかかわる問題が社会科学者、心理学者、社会学者、人類学者などによって解決されうるとか、自然科学の方法の模倣に基礎をおいた技法で、歴史および芸術の全体、宗教および道徳の全体がその力と永遠性とを証明している観念や価値を説明し、説明し尽くすことができるとか、また実際、通俗科学の偏狭な追随者である実証主義者たちが信じているように、人間行動をも機械論的な、あるいは生物学的な用語で説明することができるといった見解に至っては、なおさらソレルの受け容れうるものではなかったのである。

ソレルは、道徳的審美的のいずれであれ、価値を、その形態や応用は可変的であるとしても、出来事の進行からは独立したものとして捉えた。それ故、彼は、芸術作品の社会学的分析については、ディドロによるものであれ、マルクス主義的批評家によるものであれ、それは彼らが審美的感覚を根本的に欠いており、創造行為の神秘さ、そして人間生活において芸術が果たす役割について無知であることを示す証拠であるとみなした。しかしながら、彼は、論敵の動機を明らかにしようとするとき、余り首尾一貫しない態度をとることになる。というのは、その際、彼は、不変の法則あるいは公正な理想という装いの下にある利害関心の「正体を暴く」ことによって行為の真の源泉を探ろうとする人々の提供する心理学的ないし社会学的分析の道具を喜んですべて利用しようとするからである。こうして、彼は、経済法則とは自然法則ではなく、意識的であるとそうでないとを問わず、あるひとつの階級の利益のために創出された人間的作為の産物であるというマルクス主義的見解を完全に受け容れているのである。ブルジョワ経済学者がそうしているように、経済法則を客観的必然とみなすことは、それを物化することであり、それを永遠的かつ不変的であると表象することを自分たちの利益であると考えている階級にとって都合のよい幻想に他ならない。しかし、その次には、彼は、自由に選択された努力と闘争が物事を大きく変えることができるとする非マルクス主義的主意主義的結論を導き出して、生産力と、制度および観念という上部構造との間には厳格にして予測可能な因果的相関関係が存すると主張する正統派とは袂を分かつのである。道徳的絶対者には手を触れてはならない。それは、生産力や生産関係の変化とともに変わるものではないのである。

歴史は、ソレルにとっては、マルクスが想定した以上に生ま生ましい変転の過程である。社会は創造物、芸術作品であって、（恐らく国家がそうであるようには）経済的諸力のたんなる所産ではないのである。マルクスの経済主義を、ソレルは誇張であるとみている。これは、（エンゲルスも実際上認めていたように）観念論的あるいは自由主義的個人主義的歴史理論に対抗するために必要であったのかもしれない。しかし、結局において、これらの歴史理論も、彼の考えるところでは、未来の社会的仕組みを予測する可能性に対する信仰に導くものである。これは危険で妄想的なユートピア主義である。そのような幻想は労働者を元気づけることもあるかもしれないが、また、専制主義の武器となることもありうる。たとえ労働者がブルジョワジーとの闘争に勝利したとしても、それでも、彼らが創造的であるように教育されていないならば、彼らもまた彼ら自身の階級内部から教条的インテリから成る抑圧的エリートを生み出すこともありえよう。ソレルはマルクスが余りにも世界精神、あのヘーゲル的なんでも屋に依拠していたことを非難する。それは、マルクス自身については、科学（そして特に経済学）は人々が直面したあらゆる問題をそのなかに放り込むと、解決を与えてくれる「製粉機」(12)のようなものではないことを理解していたという点で、十分信頼していたにもかかわらず、そうなのである。応用の方法がすべてである。マルクス自身がかつては、「革命後のためのプログラムを作成する者は誰であれ一個の反動家である」と宣言しなかったであろうか(13)。また、ソレルに従えば、マルクスは労働者階級の政党というものを信じていなかったのである。というのは、政党は、ひとたび権力を握ると、その宣言に何が述べられていようと、専制的で自己永続的なものになる可能性を十分もつのである。マルクスは結局、諸階級の存在する現実のみを信じていたのである、とソレルはわれわれに語っている。

これは大いにソレル化されたマルクスである。ソレルはマルクスのうちにあるもので、彼にとっては政治的に思われるあらゆるものを拒否する。すなわち、労働者政党の観念、革命組織の理論とそのための実際的諸手段、決定論、そして就中、プロレタリア独裁の全理論。これをソレルは、抑圧的ジャコバン主義の最悪の要素の不吉な再現であるとみなしていた。真の人間史がそこから始まるとされる無政府的無階級社会すら、ソレルによっては実質的に無視されている。たしかにそれは余りにも概念的でイデオロギー的な構成物には違いないのだが。彼は明言する――「社会主義とは教義でも、セクトでも、政治制度でもない。それは、自らを組織し、自らを教育し、新しい制度を創出していく労働者階級の解放ということとそれ自体なのである。」(14) プロレタリアートは、彼にとって、彼らが従事している労働の本質によって訓練されるとともに鼓舞されている生産者の団体なのである。彼らを一個の階級とし、政党とはしないのは、まさにこのことの故である。プロレタリアとはたんに不満を抱いた大衆ではない。プロレタリア革命とは、たんに富者に対する貧者の反抗でも、自分でその地位についた指導部によって組織され指導される、イタリアの自治区の下層民《ポポロ・ミヌート》の反乱でもなく、バブーフやブランキのような人物に煽動されて生ずる種類の蜂起でもない。というのは、このようなものはどこにでも、いつでも生じうるものだからである。現代における真の社会革命は生産者・製造者より成る英雄的階級の搾取者とその代理人ならびに寄生者とに対する反乱であるべきであって、それは、（この点がマルクスのなした重大な発見であるわけだが）社会が一定の技術的発展段階に到達し、真に創造的な階級がそれ自身の道徳的人格を発展させないならば、生じえない事柄なのである。（グラムシに感銘を与え、彼をしてソレルを非難者たちから弁護するべく決意させたものは、生産者、すなわちプロレタリアートの文化の内在的価値と革命的性格とに対するこの強調の姿勢である。）ソレルは、経営者および労働者をともに含み込む技術官僚制機構を生み出すことになるような機械化された社会を構想したとは思われない。実際、そのような社会においては、社会的活動力は産業制度の規模それ自体からして必要とされる組織化のため窒息させられることになるであろう。ダニエル・アレヴィに従えば、世紀の交におけるフランス、そして殊にパリとその周辺は、イギリスやドイツと比較して、相対的に工業化されていなかったのである。ソレルは、ゼネラル・モーターズや英国化学工業合同会社（ＩＣＩ）の世界よりも、プルードンの世界にずっと近いところにいたといえる。[15]

紛争のみが物事を純化し、強化する。それは永続的な統一と連帯を創出する。これに対して、社会的出自を問わず誰でも参加できる政党は構造ががたがたの代物であり、日和見主義的な連合や同盟に走り勝ちである。これがデモクラシーの欠陥である。それは、マルクス主義者によって非難されているまがい物であり、資本主義的統制のための表看板であるだけではない。それだけではなく、デモクラシーのまさに理念とされていることと――国民的統一、さまざまの不一致の調停、社会的調和、共通善への献身、諸派閥の争いの上に立つルソー的一般意志、こうしたことすべてが、そこにおいてのみ人々が完全な姿にまで発達を遂げることのできる諸条件、とくに闘争、社会紛争の働きを台無しにしてしまうのである。あらゆる民主主義的制度のうちもっとも有害なものは議会である。なぜなら、それは妥協、譲歩、和解に依存しているからである。たとえわれわれが、サンディカリストたちのよく口にする策略とか胡麻化し言葉とか偽善といったことを度外視するとしても、政治的連合関係というものはあらゆる英雄主義の、そして実際、道徳性それ自体の死である。議会の議員は、彼の過去がどんなに戦闘的であっても、不可避的に、委員会で、ロビーで、そして議場それ自体で、階級敵と平和的同盟関係から、さらには協力関係にまで入り込んでいく。ソレルのみるところでは、労働者階級の代表も非常に易々とすぐれたブルジョワに成り変わるのである。そのいまわしい実例はわれわれの目の前に存在する――ミルラン、ブリアン、ヴィヴィアーニ〔いずれも第三共和政期に社会党所属の経歴をもった中間派の首相、大統領〕、そして人を魅了する力をもったデマゴーグ、ジャン・ジョレスはたちまち大衆的人気を得ているではないか。ソレルはかつてこれらの人々に大いに期待したものであった。だが、それはすぐ幻滅に変わった。彼らはすべて、その他の連中と同様のうす汚れた卑劣漢、誇張的弁舌家、腐敗した政治家、陰謀家であることが明らかとなったのである。

ソレルはさらに議論を先にまで進める。創造的活力というものは、何もかもが順応しているところ、余りに柔和で抵抗したりはしないところには存在しえない。敵――寄生的なインテリや理論家ではなくて、資本主義勢力の指導者たち自身が精力的で、同様に精力的な相手と張り合っているのでないならば、労働者もまた彼らの武器に相応しい敵を見出さないことになり、彼ら自身も堕落していくことになるであろう。強力で活発な敵と相対したときにのみ、真に英雄的な資質は発展させられうる。ここから、ブルジョワジーもまたより強い実力を培養していて欲しいものだというソレルに特有の願望が出てくる。生真面目なマルクス主義者なら誰もこのような命題を受け容れることはありえないであろう。もっとも穏和な改良派さえそうはしないし、また、ベルンシュタインのように、マルクス主義的な歴史発展の筋書の妥当性を否認して、ソレル自身のものとしても通用する言葉で、「目標は[……]私にとって無であり、運動がすべてである」(16)と宣言するような人々さえ、そうはしないであろう。ソレルは、労働者階級の究極的勝利の結果に注目したりはしない。彼が関心をもつのはただ、興亡の過程であり、創造的な社会と階級そして堕落していく社会と階級の様相である。完成とか最終的勝利とかは社会的存在においてはありえない。そのようなことが達成されるのは、ただ芸術、純粋な創造行為においてのみである。レンブラント、ロイスダール、フェルメール、モーツァルト、ベートーヴェン、シューマン、ベルリオーズ、リスト、ワグナー、ドビュッシー、ドラクロワ、ソレルと同時代の印象派の画家たち――これらの人々はその芸術において乗り越え難い頂上にまで達することができた。ここからまた、名声と金銭のために才能を切り売りする人々に対する彼の攻撃が出てくる。マイアベア〔一七九一―一八六四、ドイツ出身のオペラ作曲家〕は軽蔑に値するが、非難はされない。彼はその時代と環境との本当の子供であった。彼の才能が通俗的であったのは、彼が喜ばすことのできた聴衆のレベルと相応していたのである。マスネー〔一八四二―一九一二、フランスのオペラ作曲家〕はそうではない。彼はもっと天才的な才能をブルジョワ的公衆を喜ばせるための売り物としていたからである。こうしたことがある程度までアナトール・フランスについても当てはまる、とソレルは考えているように思われる。芸術や科学において、また個々の天才たちにおいて可能な全面的成就は、社会生活のなかでは生じえない。ここから、搾取者の搾取、プロレタリアート独裁、豊かさの支配、国家の死滅といったマルクス主義の筋書に対するソレルの不信が出てくる。彼は実際的諸問題を考えようとしない。彼は、生産、分配、交換が新しい秩序のなかで規制される仕方とか、創造的と規定することが困難な最小限幾つかの仕事を実行していくことなしに、窮乏を克服する可能性があるかどうかという問題とかに関心を示さない。味方の剣を鞘の中で錆びつかせないためには敵を存続させねばならぬと願い、生命を欠く自然と闘うべく結合し団結した生産者たちの自由な社会という理想については何も語らず、それどころか、「もしプロレタリアートが暴力の行使によって中産階級にかつての活力の幾分かでも取り戻させるならば、すべては救われるであろう」(17)と言明する男、貧困と窮乏の問題そのものに関心をもっているとは思われず、工場でのサボタージュは他人の労働の成果を故意に破壊するものだとして抗議する、このような人物をマルクス主義者が自分たちの陣営に属すると認めないとしても、ほとんど非難されることはありえない。政治的行為としての革命的テロルを非難し、ジャコバン派を暴君にして狂信者であると告発する――ジャコバン派こそ、マルクスもある程度まで、そしてレーニンに至っては一層はっきりと、自分たちの正統な先駆者として認めていたグループではないか――人物が、マルクス主義者であると名乗る資格はもちえないであろう。ソレルは、道徳的に不純な感情、ブルジョワの毒に侵された動機から発する行動を否認する。彼はいう――「富裕な商人がギロチンにかけられるのをみたがる貧乏インテリの兇暴な嫉妬心は、社会主義的であるとは少しもいえない邪悪な感情である。(18)」彼は、英雄的な活力、勇気、強さ——全面的な勝利が勝利者に一人の敵も残さなくなれば、消滅してしまうかもしれないこうした資質を維持することにのみ関心を抱いているのである。

ソレルは自分の立場の奇妙さに気がついていた。そして、彼の同盟者たちの弱味と混乱を暴くことに片意地な、そして幾分かは悪意のある喜びを見出していたのである。彼は、社会主義は今世紀の初めのうちに死んでいると宣言した。彼は、いかなる活動的な社会的政治的集団にも影響を与えようという努力を全然しなかった。彼は自ら公言したとおり、孤立し、独立して、自分だけに依拠する人間という性格を守りつづけた。社会主義運動の内部で彼に匹敵する人物がいるとすれば、それは、同様に独立的で予測できない行動をとるウィーンの批評家にしてジャーナリスト、カール・クラウス(一八七四—一九三六)である。彼もまた道徳性に関心をもち、生活と文学とにおけるスタイルの維持を重視していた。(19)活力、スタイル、ナポレオン的素質、「生命力」を憧憬していたバーナード・ショウさえ、カウツキー、プレハーノフ、ゲード、マクス・アドラー、シドニー・ウェッブ、その他ヨーロッパ社会主義の中心人物たちと比べてはるかに、ソレルと類縁性が強かった。ソレルにとっては、これらの社会主義者の方は、もっとも深く軽蔑していた連中であった――無味乾燥で、舌先だけ廻る現代のソフィストたち、あらゆる生命力ある衝動を抽象的な定式、ユートピア的青写真、文字を連ねた紙屑に変えてしまう書記や註釈家たち。彼はもてる限りの軽蔑の言葉を彼らに浴びせかけた。そして、彼らの方は、完全なる無視でもってこれに応じた。

ジョレスはソレルをサンディカリスムの形而上学者と名づけた。そして、事実、ソレルは、あらゆる人間の魂のうちには、灰の下で石炭の残り火が輝きを保っているように、形而上学的な傾向が隠されているのだという信念をもっていた。これを炎に当てるならば、それは、凡庸さ、紋切り型の生活、臆病さ、日和見主義、階級敵との腐敗した取り引きなどすべてを破壊してしまう大火を惹き起こすことになるであろう。社会は、生産者、すなわち労働者、殊に自分の手を使って働く人々を解放することによってのみ救済されうるのである。サンディカリスムの創始者たちは正しかった。労働者は専門家、イデオローグ、教授たちの支配から保護されなければならない。これらの連中は、プラトンの忌むべき夢想をもった知的エリートであり、バクーニンが(マルクスを念頭におきながら)名づけた「衒学者支配」[20]に他ならない。「諸君は教授たちの政府よりも恐るべきものを何か考えることができるだろうか」[21]とソレルは設問した。今日では、これらの連中は、しばしば、根無し草《デラシネ》の知識人となり、祖国なきユダヤ人である傾向をもっている、とソレルは観察している。すなわち、彼らは、自分自身の家庭をも、故郷をも、「守るべき先祖の墓も、蛮族から護るべき遺物も」(22)もたない連中なのである。

これは、たしかに、ド・メストル、カーライル、ドイツの民族主義者たち、フランスの反ドレフュス派、反ユダヤ主義の排外主義者たち——モーラスやバレス、ドリュモンやデルレードなど極端右翼の用いる激越なレトリックであるといえる。だが、それはまた、時として、フーリエやコベット〔ウィリアム、一七六二—一八三五、イギリスの急進派ジャーナリスト〕、プルードンやバクーニンが口にした言葉でもあり、後には、ファシストやナチスおよび多くの国々における彼らの文学的共鳴者たち、また同様に、ソ連や東欧諸国において批判的知識人や根無し草のコスモポリタンを大声で非難する連中によって用いられた言葉でもある。このような思考と表現とのスタイルにもっとも近かったのは、いわゆるナチ左派に属するグレゴール・シュトラッサーとナチス初期の頃の彼の追随者たち、そして、フランスにおいては、デア〔マルセル、一八九四—一九五五、対独協力派社会主義者〕やドリュー・ラ・ロシェル〔ピエール、一八九三—一九四五、対独協力派の作家〕のような連中であった。

ヨーロッパの急進主義的伝統のうちには反主知主義的反啓蒙主義的潮流が存しており、それは時として民衆主義、民族主義、あるいはネオ中世主義と結びついており、遡ってはルソー、ヘルダー、フィヒテに源泉をもち、下っては、農民的、無政府主義的、反ユダヤ主義的、その他の反自由主義的運動のなかに流れ込んで、社会主義的革命的思想のさまざまな流れとも、時には安易に同盟し、時には公然と反対するなど、無定形な組み合わせを作り出しているのである。デモクラシー、ブルジョワ共和国、そして何よりも、インテリゲンツィアの合理的世界観と自由な価値観に対してとりつかれたような憎悪を示すソレルは、この潮流を育成する役割を果たした。それは、当初は間接的にであったが、今世紀の最初の一〇年代の終わり頃にはより激しくかつ公然となったため、遂に、一九一〇年までには、彼と彼の左翼の側の同盟者たちとの間に亀裂が生ずるに至ったのである。

疑いもなく、宗教的雰囲気のなかでの成長、伝統的で古風なフランスの地方生活のなかにもつ深い根、口には出さないが深く感得されている愛国主義はそれぞれ、ソレルのうちに大きな役割を果たしている。彼にとってフランスの伝統的社会の堕落であり解体であると思われたことは、彼の生涯を通じてはっきりと彼の心を捉え、彼の目からは西洋の伝統的文化の境界を越えてさまよっているとみえた人々に対する根本的な嫌悪と敵意を強めさせた。彼の反主知主義、反ユダヤ主義は、プルードンやバレスにおけるそれと同じ根から発していた。しかし、彼のうちにはまた、アンリ・ベルグソンの哲学の決定的影響があった。友人であるペギーとともに、ソレルはベルグソンの講義を聴講したことがあり、ペギーと同様に、そこから深くかつ終生変わらぬ影響を受けたのである。

彼がベルグソンから引き出した考え方は、一世紀前のフランス嫌いのドイツ・ロマン派の思想のうちにも同様に見出すことができたであろうものであるが、それは、理性は個人生活および社会生活のいずれにおいても非合理的なもの、無意識的なものの有する力に比べてか弱い道具であるにすぎない、とする立場であった。彼は、ベルグソンの分析しえない「生の躍動《エラン・ヴィタール》」に関する理論に深い感銘を受けた。それは、合理的に把握したり、表現したりすることのできない内面的な力であって、空虚と未知の未来とのうちに突き進んでいき、生物学的成長と人間的活動性とのいずれもの原型となるものなのである。理論的知識でなくて行動が、そしてただ行動のみが現実に対する理解を可能にしてくれる。行動は予め考案された目的へ向けての手段ではなく、それ自身が政策作成者であるとともに、先導的実行者であるのである。予測は、たとえ可能であるとしても、行動を殺してしまうものとなるであろう。われわれは、自分がどの地点にいるかについて内的感覚を有している。それは外からの見方、すなわち、明確な構造を分類し、分解し、確定する平静な冥想とはまったく異なった、およそ両立できないものなのである。知性は物事を凍りつかせ、歪曲する。ひとは、静止によって運動を、空間によって時間を、機械的モデルによって創造的過程を、また何か動かない死んだものによって生けるものを表現することはできない。ベルグソンが再び生命を与え、展開したのは、こうした古いロマンティックな理論である。現実は直観的に、芸術家がそれを捉えるときのように、イメージの力を借りて把握しなければならない。概念や議論やデカルト的推論によるのでは駄目なのである。社会運動に生命を与える唯一のものとしての社会的神話についてのソレルの有名な理論を生み出す土壌となったのは、こうしたものであった。

もっとも、神話の理論が生じてきたとみられる別の源泉も存在する。それは近代社会学の創始者、エミール・デュルケムの教説である。そして、デュルケムはベルグソンとは反対の極端に位置する学者なのである。合理主義者にして、厳格な実証主義者として、彼は、コントと同様に、科学のみがわれわれの問題に答えを与えることができるのであり、科学がなしえないことは、他の方法によっても達成できない、という信念を抱いていた。彼はベルグソンの深い非合理主義に一貫して反対した。フランス第三共和政の指導的イデオローグとなったデュルケムは、どんな社会もその成員間に高度の社会的連帯性がなければ安定して存続しえない、と教えた。これはまた、その社会のなかに、適切な儀式や祭典と結びついた支配的な社会的神話が行きわたっているかどうかに依存することであった。宗教は過去において、この意味における連帯性が自然な表現を見出す形態として、かけ離れて強力なものだったのである。神話は、デュルケムにとって、現実についての誤った信念ではない。それは、あれでもこれでも何でもいい事柄についての信念ではなく、何かはっきりとしたあるもの――共通の祖先に由来すること、共通の過去における変革的な出来事、共通の伝統、共通の言語のなかに秘められて共有されているシンボル、就中、宗教と歴史とによって聖化されたシンボル、こうしたものに対する信念なのである。神話の機能は社会を結合させ、規則と習慣との支配する構造を創出することである。このことなしには、個人は孤立と孤独の感情に悩まされ、不安を経験し、途方に暮れてしまうことであろう。そして、こうなると、無法状態と社会的混乱が招来されることになる。デュルケムにとっては、神話は究極的に、半ば生物学的な必要に対する、目論まれたものでなく、自生的、自然的であるとしても、功利的な応答には違いなかった。神話の機能についてのデュルケムの説明は、バーク的な性質の、すなわち、社会的安定のための必要条件の経験的発見として述べられているのである。ソレルは功利主義を嫌悪しており、殊に、用心深い共和派の大学人による社会的平和と結合とに対する要求には憎悪さえ抱いていた。これこそ、ブルジョワ共和国の利益のために階級闘争を押さえ込む試みであるとみられたのである。

ソレルにとっては、神話の役割は安定させることでなく、エネルギーを導き、行動を鼓舞することである。神話がこのことをなすのは、生の運動の動的な様相を具体的形姿に表わすことによってであるが、この様相は理性的でなく、それ故大学の才人たちの批評や論駁に左右されないが故に、一層力強いものなのである。神話は「鮮やかに色どられた」[23]形象から成っているが、これらの形象が人間に影響を与えるのは、理性がそうするようにではなく、また意志の教育や上級者の命令のようにでもなくて、熱狂を呼び起こし、行動に駆り立て、必要とあらば、騒乱を惹き起こしさえする魂の発酵作用のように働きかけるのである。神話は歴史的現実を必要としない。それはわれわれの感情を導き、意志を動員し、われわれの全体に、また、われわれがなし、作るあらゆることに目的を与えるのである。神話は、何よりもまず、ユートピアではない。ユートピアとは、プラトンこの方、ありえない状態の記述であり、現実からかけ離れた知識人たちの頭のなかの幻想であり、具体的問題の回避であり、理論と抽象とへの逃避であった。ソレルの神話は、人々に世界と人間自身とについて新しい見方を与えることによって、現実の諸事実の間の関係を変えるやり方なのである。それは恰度、新しい信仰に回心した人々が世界とその内実とを新しい目でみるときのようなものである。ユートピアは「知的労働の産物である。それは、諸々の事実を観察し論議した後に、モデルを作り上げて、これとの対比において現存社会を測定しようとする理論家の仕事である。〔……〕それは分解可能な構築物である。[24]」その諸部分は取り外して、他の構造の部分として用いることもできるのである。ブルジョワ的政治経済学は、まさにこのような作為的存在なのである。しかし、神話は、想像力によって即時的に了解されうる全体である。それは、実際、強い感情によって「暖められた」形象として現われる政治的抱負の息吹きなのである。それは、たんなる言葉ではなしえない仕方で、過去および現在のこれまで見ることのできなかった潜在的要素を顕わにし、こうして、人々を、神話の実現をもたらすための一致した努力へと駆り立てるのである。この努力自体が新しい活力、新しい努力と戦闘性を螺旋状に上昇する無限の動的過程のうちに培うのである。これをソレルは、「近い将来の行動の希望に現実性の側面を与えること[25]」と名づけた。

近づきつつある再臨についてのキリスト教徒の見方も、ソレルにとっては、この種類の神話である。この光のなかで、人々は殉教を受け容れたのであった。キリスト教の改革に対するカルヴァン主義者の信念は、この世には属さない新しい秩序についての見方であった。だが、この信念に火をつけられて、信者たちは世俗的人間主義の前進に抵抗して成功することができたのであった。フランス大革命の観念は、フランスの地方都市での市民集会などで熱烈に取り上げられて、愛国心を集中させ、ある種の行動を惹起させる曖昧だが強烈なイメージを与えるものとして生きつづけているが、しかし、それは、讃歌や旗と同様に、特定の綱領や一連の明確な目標に翻案されることのできない神話に他ならない。「大衆が奮起するとき、社会的神話となるようなひとつのイメージが形成されるのである。[26]」これがまた、イタリア・リソルジメントの運動がマッツィーニの追随者たちに呈示された仕方である。社会主義が一種の社会詩となり、行動のうちに表現されることができて、たんに理解されるだけを目的とした論文や散文にとどまらなくなるのは、まさに神話の力によってなのである。一七九二年のフランス革命軍は熱烈な神話に鼓舞されて、そして勝利を得た。王党派の軍隊にはそうした神話が欠如していたため、敗れ去ったのである。古代ギリシャ人が健在であったとき、彼らは神話で満ち満ちた世界のなかで繁栄していたが、やがてソフィストたちが彼らを顚倒させ、その後にはオリエントから根無し草のコスモポリタンがギリシャに流れ込んで来て、それを破滅に追いやった。現代世界との類推は余りにも明白である。

ソレルの神話はマルクス主義的な観念ではない。それは、マルクスの理論と実践との統一に関する合理主義的な捉え方よりは、むしろ、ロワジイ〔一八五七―一九四〇。フランスの聖職者、近代言語学の方法による聖書研究〕やティレル〔一八六一―一九〇九。ダブリン出身の聖職者、近代主義的布教に従事〕の近代主義的心理的解釈、ウィリアム・ジェームズの意志理論、ファイヒンガー〔一八五二―一九三三。ドイツの哲学者、森鷗外の紹介で有名〕の

「《かのように》の哲学」などに一層大きな親近性をもつものである。急進派であれ反動派であれ、民衆主義者《ポピュリスト》の考える善良、単純で本物の、だが未だ目覚めていない「人民」や「民衆」という観念、また、民族主義者《ナショナリスト》の思想における腐敗して臆病な代表を対立する意味での永遠なる「現実の民族」――バレスの「土地と死者たち」(27)――の観念、これらは、ソレルの神話であって、デュルケムの神話ではない。大抵のマルクス主義者たちの用いる、プロレタリアートにおける、実際の「経験的」願望とは対置させられた真の、弁証法的に把握された利益の概念とか、また恐らく、その輪郭が曖昧なまま残されている無階級社会そのものの観念とかについても、共感を欠く論者ならば同じように神話だというかもしれない。神話の機能は「叙事詩的精神状態」(28)を創出することである。神話の非合理性に対するソレルの強調は、恐らく、レーニンをしてあんなにも素気なくまた軽蔑的にソレルを無視させた理由であるといえよう。

では、何が労働者の神話であるのか? 何が彼らをして英雄的偉大さの境地にまで高め、単調な日々の灰色の決まりきった仕事から超越させるものとなるであろうか? ソレルの信ずるところでは、フランスの組合組織のなかで、あの尊敬すべきフェルナン・ペルティエ――彼こそ民主主義政治による汚染から労働者を正しくも保護していたのだ――を自分たちの指導者として認めていた活動家たちに既に霊感を与えているあるものこそ、その答えであった。それがゼネラル・ストライキの神話である。サンディカリスト的ゼネラル・ストライキは、通常の意味での産業ストライキないし「政治的」ストライキと混同されてはならない。こういうストライキは雇用主からより高い賃金やよりよい労働条件を引き出すためのたんなる努力であり、所有者と賃金奴隷とに共通の社会・経済構造の承認を前提としている。これはただの取っ組み合いであり、真の階級闘争の反対物である。サンディカリスト的ゼネラル・ストライキの神話は、損得計算から成る忌わしい世界全体、人間とその能力とを商品として、官僚的操作の材料として取り扱う世界、幻想的な合意と社会調和に基づく世界、人間を統計的計算の主題とし、従順な「人的資源」として扱って、そのような統計の背後には生きた人間がいること、それも通常の人間的欲求をもったという意味ではなく——それはソレルには重要なことと思われていない——、集団的に抵抗し、世界を自分たちの意志に従って創造し、形成していくことのできる自由な道徳的活動主体が存在するのだということを忘れてしまっている経済学や社会学の専門家たち(彼らがどんな主人に仕えているにせよ)から成る世界を全面的にひっくり返してしまおうという呼びかけなのである。

ソレルにとって敵は必ずしもいつも同じではない。ドレフュス事件の時期には、敵は国家主義的民衆煽動者たちであった。彼らは、偏執病的に、またジャコバン派のように、反逆罪だという叫び声を上げ、スケープゴートを狂信的に探しまわり、そして、この役割を果たすことになるユダヤ人に対して暴徒を駆り立てるため邪悪な企て[29]をなしていたのである。彼らが敗れた後に敵となったのは、ドレフュス事件の勝利者たち——知識人たちの「反対教会」、アカデミックなボスたちに指導され、エコール・ノルマルで養育された不寛容で、人間性を失わせる、共和政的な「政治的スコラ的」政党である。この連中は、その後ますます、ソレルの憤激の重要な対象となっていく。ゼネラル・ストライキは高まりいく戦闘性と「暴力」との頂点にある。そのとき、集中された集団的意志の行為として、労働者は、一斉に工場や職場を離れ、アヴェンティノの丘〔ローマ七丘の一、古代平民の居住区であった〕に退き、次いでひとりの人間のように立ち上がり、彼ら労働者をデュルケム的コント的区画や階序制のうちに引きずり込み、こうして彼らから人間的本質をほとんど奪い取ってしまう憎むべき制度に対して、全面的圧倒的永久的な、「ナポレオン的な」敗北を負わせるのである。これは光の子の闇の子に対する、自由の闘士の商人、知識人、政治家に対する偉大な人間的蜂起である。この後の連中というのは、欲得ずくで資本主義的世界の主人たちにくっついている惨めな一団であり、下層から成り上がり、地位を買い取って階層秩序のなかに入り込んだ人間たちであり、立身出世主義者にして社会計画家、右翼ならびに左翼の権力ないし地位追求者、貪欲と競争に基づく社会、そうでなければ、無慈悲なばかりにまとめ上げられた合理的組織の息を詰まらせるような圧迫感の上に立つ社会を推進する者たちなのである。

一体ソレルは、このような最終的な解放事業が歴史的出来事として実際に起こるであろうとか、起こりうると信じ、また労働者がそう信じると期待したのだろうか。これに答えることは難しい。彼は(彼がもっともサンディカリスト的であった時期である)一九〇四年のベルギー、また何よりも、一九〇五年の流産したロシア革命のなかで生じた、一定の譲歩を確保するために企てられたゼネラル・ストライキに関しては語るべき有利な論点を何も見出さなかった。これは、彼にとって、ペギーのいう、たんなる政治に堕した神秘に他ならなかった。その上、もし彼が、表面的にそうであるとおりに、敵が弱まれば生産者階級もまた弱化するのだと信じているのであれば、全面的な勝利は、それなしにはどんな努力も、どんな創造も必要でなくなるような緊張状態の消滅につながるのではないだろうか? しかしながら、神話なしには、精力的なプロレタリア運動を創出することは不可能である。ゼネラル・ストライキの可能性や望ましさについて経験的な議論をすることは大して意味をもたない。ゼネラル・ストライキは行動の理論として意図されたものではなく、いわんや現実の世界に実現されるべきプランではなおさらなかった、とひとは疑うことができよう。

労働者の武器は暴力である。それはソレルのもっとも有名な書物(「私の標準的作品」(30))と彼はこれについて皮肉に言及している)にその題名を与えたのであるが、その性質は決して明確になっていない。階級闘争は社会の正常な状態である。そして、生産者、すなわち労働者に対しては搾取者によって絶えず力が行使されている。力は必ずしも公然たる強制から成っているわけでなく、制度を手段とした統制や圧迫から成り立っている。これらの制度は、意図されていると否とを問わず、マルクスおよび彼の弟子たちが明快に示したとおり、所有者階級の権力を助長する効果を有している。圧迫に対しては必ず抵抗が生ずる。力によって力に抵抗することは、ジャコバン革命の例にみられるように、ひとつの軛を他の軛に代え、古い主人の代わりに新しい主人をもってくるだけの結果になる可能性が大きい。ブランキ主義的蜂起は国家によるたんなる強制——プロレタリアによる独裁、恐らくは、資本家独裁の継承者として現われたプロレタリアートの代表者たちによる独裁をもたらすだけであろう。教条的革命家は容易に抑圧的暴君となる。このテーマはソレルと無政府主義者たちとに共通している。カミュはサルトルとの論争のなかでこの論点を再生させた。力《フォース》は、定義上、抑圧する。これに対して向けられた暴力《ヴァイオレンス》は解放する。資本家のうちに恐怖を浸透させることによってのみ、労働者は彼ら資本家の権力、労働者に対して行使された力を打破することができるのである。

これが実際、プロレタリア的暴力の機能である。これは攻撃でなく、抵抗である。暴力は鉄鎖を打ち落とすことであり、再生への序曲なのである。暴力なしにも、より理性的な生活、よりよい物質的条件、より高い生活水準、安全、さらには労働者、貧民、被抑圧者のための正義を確保することは可能であるかもしれない。しかし、生活の革新、若返り、創造力の解放、ホメロス的単純さ、旧約聖書の崇高さへの回帰、初期キリスト教の殉教者、コルネイユ的英雄、クロムウェルの鉄騎兵隊、フランス革命軍などの精神への回帰——こうしたことは説得だけでは達成できず、自由の武器としての暴力がなければならないのである。

暴力の行使が実践の上でどのように力の行使から区別されるのかということは明らかにされていない。それはただ、労働者と雇用主とに等しく共通な共同善を前提することによって階級闘争の現実を否定する平和的交渉に対する唯一の代替物として要請されているにすぎない。マルクスもまた、プロレタリアートを旧世界の汚物から純化し、新しい世界に適合したものとするために、革命が必要であると語った。ゲルツェンは清浄効果をもつ革命の嵐ということを述べた。プルードンやバクーニンも同様に黙示録的な言葉で語った。カウツキーさえ、革命は人間を堕落した状態からより高揚した生活観にまで高めると明言している。ソレルは革命という観念にとりつかれていた。彼にとって、革命的暴力に対する信仰と力に対する憎悪とは、まず第一に、労働者の厳格な自己隔離を伴うものである。ソレルは、どんな程度にせよ階級敵と協力することを容認するプロレタリアは自分自身の立場を失ってしまうとする点で、労働組合集会所《ブルス・デュ・トラヴァイユ》（職業紹介所、労働組合委員会、戦闘的労働者の社会活動ならびに教育のセンターを独自の仕方で一緒にしたもの）のサンディカリスト・オルグたちと熱烈に一致していた。責任感ある人間的な雇用主とか、穏健で平和愛好的な労働者とかについて語られるすべては、彼に気持ちを悪くさせるだけである。労資をともに含んだ利益分配のための工場協議会とか、すべての人間を平等に認めるデモクラシーとかは、大義名分に致命的な傷を与えるものである。全面戦争においてはどんな友好関係もありえない。

暴力とはこれ以上のことを意味しているか？　それは、工場占拠、権力掌握、警察その他所有階級の権力機関との物理的衝突、流血などを意味しているだろうか？　ソレルは明確さを欠いたままである。〔革命的社会主義を称する〕アルマーヌ派の労働者がドレフュス事件のある時点で（当時まだよく思っていた）ジョレスとともにデモ行進した行動は、ソレルがプロレタリア的暴力の正しい用い方として言及している非常に数少ない事例のひとつである。戦闘性を増大させるが、労働者階級自身のなかにおける権力構造の形成に導かないものは何であれ是認されている。力と暴力との区別は、その役割および動機の性格に全面的にかかっているように思われる。力は鉄鎖を課し、暴力はそれを打破する。力は、公然としたものであれ隠微なものであれ、奴隷化する。暴力はつねに公然としたものであって、自由にする。これらは道徳的形而上学的概念であって、経験的概念ではない。ソレルはモラリストであって、彼の価値観は最古からの人間的伝統のひとつに深く根ざしている。それが、なぜペギーが彼のいうことに耳を傾けたか、彼の命題が彼の時代に属するだけでなく、今日でも新鮮さを保っているかを説明する理由である。ルソー、フィヒテ、プルードン、フローベールはソレルのもっとも信頼する近代における先行者である。同様に、合理化の破壊者、階級闘争とプロレタリア革命の唱道者としてのマルクスもそうである。だが、社会科学者、歴史的決定論者、政治運動のための綱領作成者、実践的陰謀家としてのマルクスはそうではないのである。

四

神話の理論とその系、人間の思想および行動において非合理的なものがもつ力の強調、これは近代科学運動のひとつの帰結であり、科学的範疇ならびに方法の人間行動への適用の結果なのである。一九世紀のずっと以前にまで遡る社会哲学者や政治哲学者の中心的観念の基底にあった人間性についての比較的単純なモデルは、行動の起源に関する新しい、混乱を招来するような仮説が心理学者や人類学者によって提起されてくるにつれて出てきた、ますます複雑で不安定な映像によって次第に置き替えられてきた。人間は合理性をもたない諸要因によって規定されている、そしてこれらの要因のうち幾つかは人間の意識のなかで非常に誤った形で屈折している、とする諸理論が登場してきたことで、現実の社会的政治的実践とその真の原因および条件とに注意が向けられるようになった。これらの原因や条件は科学的研究によってのみ解明されることができるとされたのであるが、それだけに自由意志の領域を著しく狭め、さらにはまったく消滅させる程になったのである。自然主義的アプローチは、行為者が誤ってそれに動機づけられているると自らも想定し、他人にもそう思われている意識的な理由づけの役割を軽くみるという結果を伴った。こうした事情が、古典的政治理論の没落のもっとも決定的な原因として出てきたとみることは正当であろう。古典的政治理論は、多くの可能性のうちから選択する自由をある程度まで有している人間は、自分にも他人にも理解可能な動機からそのような選択をなし、その限りにおいて(pro tanto)、決定に到達する際合理的な議論によって納得するという態度を保っている、と想定していたのである。「偽装されたもの」、個人生活および社会生活のなかにおける心理学的・経済学的・人類学的なさまざまの隠された因子が、その実際の役割の検証を通じて解明されたことが、ホッブズからJ・S・ミルに至る政治理論が扱ってきたより単純な人間性モデルを変容させ、強調の重点を政治的論議から多少とも決定論的で記述的な研究ジャンルへと移させたのである。この新しいジャンルはトクヴィル、テーヌ、マルクスに始まり、その後、ウェーバー、デュルケム、ル・ボン、タルド、パレート、フロイトそして現代における彼らの弟子たちによって推進されているものである。

ソレルは決定論を拒否したが、彼の神話の理論はこれの発展のうちに属するものである。彼の社会心理学は、マルクス主義、ベルグソン的直観主義、ジェームズ的心理学の奇妙な混淆であって、それによれば、人間は、一旦自分たちが、それを認識しているといないとを問わず、階級闘争(これをソレルは歴史的与件として扱っている)によって形成されているということを理解するならば、適切な神話の霊感によって強化された意志の努力によって、自分たちの性質の創造的な側面を自由に発展させることができる――ただそれは、彼らがたんなる個人としてそうするのでなく、集団的に、階級としてそうするよう努力するということを条件とする、とみられたのである。それでもこのことは、天才的な個人については完全には当てはまらない。それは特に芸術家の場合そうであって、彼らは、不利な社会的条件のなかにあっても、彼ら自身の不屈の精神の強さによって創造をなしうるのである。この暗い過程については、一面的な社会環境論者たちよりは、ジェームズやクローチェやルナンの方が、より深い理解を示している、とソレルには思われた。しかし、ソレルは首尾一貫した思想家ではない。人間全体、あるいは少なくともフランスを凡庸さと没落から救いうる階級、あるいは集団を求めてのソレルの生涯をかけての絶望的な努力は、それ自体、疑似マルクス主義的歴史社会学に根ざしたものであるが、この歴史社会学は一個のドラマであって、そこにおいて主役は生産力の成長によって生み出された諸階級なのである。そして、これこそ、ソレルが客観的妥当性ありと主張する理論であった。

五

ソレルの理論の革命的サンディカリスム運動への影響は微々たるものである。彼は幾多の論文を、ラガルデル、ドゥルザル〔ポール、一八七〇—一九四八。アナルコサンディカリスト〕、ペギーらの協力に成る諸雑誌に発表し、フェルナン・ペルティィエに敬意を表し、パリにおいては自分の崇拝者たちのグループと語り合い、また彼らに講義をした。しかし、サンディカリスト中ペルティィエ以来もっとも有力な人物であったグリフュール〔一八七四—一九二三。一九〇二年以降労働総同盟事務局長)がソレルを読んだかどうか尋ねられたとき、「私が読んだのはアレクサンドル・デュマだ」(31)と答えたという話がある。ソレル自身は、彼が他人をみる場合にはもっとも軽蔑していたタイプの人間であった——余りにも知的で、理窟っぽくて、労働者の生活の現実からもかけ離れていた。彼は叙事詩的精神を具えた聖書的あるいはホメロス的な英雄を探し求め、そして絶えず幻滅を味わっていた。ドレフュス事件の間、彼は反ドレフュス派を非難した。彼らは、ソレルには、虚言行為、不正、破廉恥な煽動主義を表わすものであると思われた。しかし、ドレフュス派が勝利した後には、今度は、民衆の友を名乗る者たちの下劣な政治的策動、冷笑と欺瞞にうんざりさせられた。ジョレスの人間愛と雄弁は、ソレルにとっては、たんなる私利私慾のためのデマゴギーであり、民主主義的ポーズのはったり、労働者の目を眩ませるものであると思われた。同様に、ゾラの大風呂敷、アナトール・フランスの銀の時代ともいうべきドレフュス事件以後の社会的活動、あるいは労働者の偽りの友人たちの裏切りなどは、これと同列のものである。そして、この最後の連中のうち最悪の人物にアリスティド・ブリアンがある。彼はかつてゼネラル・ストライキの熱烈なる主唱者ではなかったか。

ソレルはブーローニュ・シュル・セーヌに静穏な生活を続けていた。一九一二年まで一〇年の間、彼はベルグソンの講義に参加するため市街電車に乗って通い、また、毎木曜日にはペギーの『半月手帳(*Cahiers de la Quinzaine*)』事務所の集会に姿を現わし、そこでの討論の中心となった。この編集部から、ソレルは政治、経済、古典文化、キリスト教文化、芸術、文学に関する膨大な数の独白的作品を公刊し、それらは彼の弟子たちを眩惑させた。彼は非体系的な読書からくる幅広い知識の蓄積に依拠していた。しかし、彼の議論を聴いた人々の記憶のうちに長くとどまったものは、彼の破壊的なパラドクスであった。ペギーはソレル小父さん《ル・ペール・ソレル》の話すことをうやうやしく聴いていたが、しかし到頭、すべての労働者とともに社会民主主義の沼地へ入り込んでしまったサンディカリストに幻滅したソレルが、政治的腐敗に対して闘う新しい勇士を探し始め、急進的知識人、そのなかでも特にユダヤ人を余りにも激しく論難するようになったとき、そのペギーでさえも不愉快になったのである。ソレルの反ユダヤ主義がより公然となり、より悪意のあるものとなったとき、そして彼がジュリアン・バンダ〔一八六七—一九五六。詩人、哲学者〕(ベルグソン、そしてあらゆる形態のナショナリズムに対する猛烈な批判者であったが、ペギーは彼を大いに尊敬していた)に対し敵意ある態度を示すようになり、そして最後には、モーラスに導かれた戦闘的王党派にして排外主義者のグループやバレスの周辺の神秘的カトリック的民族主義者たち——この連中のみがソレルには独立的で、戦闘的で、共和政的病害に毒されていないと思われたのである——と同盟を結ぶようになったとき、これはペギーには余りにも行き過ぎであると感じられ、彼はソレルにもう二度と現われないようにと要求した。ソレルは深く傷つけられた。彼はもともと書くことよりは話すことを好んでいたのである。才能ある作家や知識人の聴衆が彼には必要であった。彼はあるより控え目な心服者の書店を繁々と訪れるようになり、以前と同じように語りつづけた。

いわゆるセルクル・プルードン〔一九一一年に結成されたベルト、ヴァロワらを含む研究サークル〕のなかにおける反動派とのいちゃつきは長く続かなかった。一九一二年に、ソレルはムッソリーニに喝采した。この時ムッソリーニは華々しい戦闘的社会主義者で、いつの日か「イタリア国旗に自らの剣で敬礼するであろう[32]」隊長《コンドティーレ》としてみられたのである。一九一四年までに、ソレルは再び独立した自分に戻った。大戦が勃発したとき、彼は自らを見捨てられた者と感じた。ベルグソン、ペギー、モーラス、そしてエルヴェ〔ギュスターヴ、一八七一—一九四四。一九一二年を境に反軍国社会主義からファシストに転向〕さえ含めて、すべての人々が共和国の防衛のために団結した。戦争の間、彼は元気を喪い、沈黙していた。彼は、批判的で捉われない立場にいると思われたクローチェと文通し、友人ダニエル・アレヴィには、この戦争はアングロ・アメリカの財力とドイツの参謀本部との争いにすぎないと語っていた。どちらのギャングが勝利を収めるかは、彼には大して気になることでなかった。

大戦後、彼は、クローチェへの手紙のなかで、ファシズムの始まりを批判した。しかし、恐らくパレートの影響と、クローチェの初期の親ファシズム的契機に動かされたことで、彼はムッソリーニを「政治的天才」(33)であると公言した。レーニンは彼をこれよりはるかに興奮させた人物であった。ソレルはレーニンを社会主義の勇敢で現実主義的な再生者、マルクス以来最大の社会主義者であり、ロシアの民衆の革命的感情を叙事詩的段階にまで高めた人物であると評価した。レーニンはピョートル大帝あるいはロベスピエールであり、トロツキーはサン＝ジュストであった。彼らのソヴェト概念はソレルにとって純粋なるサンディカリスムであると思われた。彼はそれを額面どおりに受け取ったのであるが、それは恐らく、一九二〇年にムッソリーニが「あらゆる形態および表現における国家、昨日の、今日の、明日の国家をすべて」(34)否認したのを額面どおり受け取ったのと同じであった。彼はボリシェヴィキのデモクラシーに対する軽蔑に拍手喝采し、彼らの知識人に対する冷厳な態度にはさらに一層讃辞を惜しまなかった。彼は、ボリシェヴィキ党の増大するテロルもそれが抑圧しようと意図している勢力と比べれば害の小さいものである、とはっきり述べた。いずれにせよ、それは同党内のユダヤ人メンバーによってなされた過ちとみるべきであった。彼は、党機構の強化から目を逸らし、社会主義国家としてのロシアについては語ろうとしなかった。なぜなら、この概念は、マルクスにとってもそう思われたであろうと同様、彼にもはなはだしい名辞上の矛盾と思われたのである。

国家をブルジョワジーに対抗するための武器として用いることは、彼が明言しているとおり、「雨に濡れないために水のなかへ飛び込むグリブィユ(35)〔まぬけな人間の典型として一五四八年以来の通り名〕」流のやり口であった。彼はなお続けてムッソリーニのことをよく思っていたが、レーニンについては一層高く評価していた。ソレルは彼のために熱情的な讃歌を捧げている。この頃にはすでに、ソレルのいうことに耳を傾ける者はほとんどいなかった。彼は孤独と貧窮のうちに生きていた――彼は資産の余りにも多くの部分を帝政ロシアおよびオーストリアの公債に投資していたのである。彼の死は、ムッソリーニのローマ進軍の数週間前のことであったが、これに気のついた者は誰もいなかった。彼の最後に発した言葉は、「ナポレオン……」だったといわれている。

彼が晩年において見出した二人の英雄のうち、レーニンは彼を無視していた。ムッソリーニは、卓越した知的系譜を自らに帰せしめたく思っていたので、ソレルを精神上の父と呼んだ。ファシストの宣伝機関はソレルの著作のなかから役に立つ武器を引き出した——自由民主主義に対する嘲り、激しい反主知主義、非合理的な力への訴えかけ、行動主義、暴力、闘争そのものへの呼びかけ、こうしたものすべてがファシスト運動の流れを豊かにした。[36] ソレルは、プルードンと同様ファシストではなかった。しかし、彼の栄光、名誉、反抗心の讃美、デモクラシーおよび平等に対する憎悪、自由主義者やユダヤ人への軽蔑は、プルードン流の社会主義と同様、ファシズムおよびナチズムの言語や思想と無関係ではない。また、彼のもっとも近しい友人たちもこの事実を見逃しはしなかった(し、彼らのうちの幾人かは当然それに影響されさえした)。ソレルの見解と、ロマン的ボリシェヴィズムおよび左派的ファシズムに共通なものとを結びつけるイデオロギー的な環は痛い程はっきりとしている。彼は最後の論文集のなかで希望をもってこう書いている——「《知識人に死を》という叫びは、非常にしばしばボリシェヴィキたちのものとされているが、やがて全世界のプロレタリアートの鬨《とき》の声となるであろう。[37]」

この点で、ひとはソレルにさようならを告げたい気持ちになるかもしれない。実際、ひとは彼のうちに常軌を逸した夢想家、議会制民主主義とブルジョワ的人道主義——これはトロツキーがかつて「カント的‐牧師的、菜食主義者的‐クエーカー的冗言[38]」と名づけたものであるが——の諸欠陥の鋭敏にして残酷な批判者、主としてイタリアで、左翼およびナショナリストの諸グループのなかで読まれていたが、当然のことながらパレート、モスカ、ミヘルスによって取って代わられた著述家、クローチェの友人、ムッソリーニに若干の影響を及ぼした人物、左右両派の一握りの急進主義者たちの鼓舞者、比較的大部の社会主義理論史の何頁かに無難に収められた半ば忘れられた極端派を認めるにすぎないのである。しかしながら、彼の亡霊は、半世紀経た後になっても、決してどこかにとどまったままではいない。

六

ソレルは、ニーチェと同様、制作者と行為者より成る新しい文明の必要を説いた。これは今日、対抗文化あるいはもう一つの社会と呼ばれているものである。一九世紀の進歩的左翼は科学を信じ、自然、社会生活および個人生活の合理的なコントロールが可能であると信じた。そして、この基礎の上に立って、伝統、偏見、審美主義、聖職者支配、保守的ないし国家主義的神秘化、その他何であれ合理的議論によって弁護しえないものを攻撃した。そして、これらの人々は、ある程度までは勝利を得ている。われわれがそのなかで生活しているといわれる技術主義的・ポスト産業主義的社会は、熟練した科学専門家、合理的計画家、技術官僚を利用する人々によって支配されている。収斂理論は、今や明らかに過去のものになっているが、その最盛期において、われわれに次のように教えていたのである——社会は鉄のカーテンのどちら側においても、本質的なあらゆる点において同様な力によって制約されている、それは、それらの社会の成員が享受している個人的自由の性質や程度の差がどのように違っていても変わらない、と。

これが、ソレルのもっとも深く恐れ嫌悪した、青写真と専門家とに対する尊敬の上に成り立っている秩序——実在的なものであれ、見せかけだけのものであれ、デモクラシーと名づけられる種類の秩序である。自分たち固有の真正な道徳的価値を欠いた消費者たちから成る社会——これは豊かさが高まっていく真只中で俗悪と倦怠とのうちに沈み込み、崇高性とか道徳的偉大さとかに縁遠い社会である——、ソレルが通俗科学と名づけたものの働きによる人間生活の官僚主義的組織化、疑似科学的法則の社会に対する実証主義的適用——こうしたことすべてが、ソレルの蔑み、憎んだものであった。これに反抗するのは誰であろうか？ 労働者階級は彼の期待を満たすものではなかった。彼らは、彼のラッパの呼びかけに応じてくれなかった。彼らはもっぱら物質的欲求に捉われつづけていた。彼らの生活様式は、絶望的なまでに、プチ・ブルジョワのそれと似たものであった。この後者こそ、やがてファシズムの主たる補給源になるものであり、ソレルが道徳的汚濁の最大の源泉であるとみた階級であった。彼は結局失望した人間として死んだ。

しかしながら、もし彼が今日生きていたとすれば、急進的動乱の波によって興奮を味わうことができたであろうと思われる。ファノン(フランツ、一九二五―六一。アルジェリア出身の思想家)やブラック・パンサー、また若干の非正統的マルクス主義グループと同様に、彼は、屈辱を受け、抑圧されていた者は、革命的暴力の行為において自分自身を見出し、自己証明と人間的品位とを獲得できると信じていたのである。臆病なブルジョワジーを(あるいは、ファノンの場合には帝国主義的支配者を)大胆な反抗行為によっておびえさせることは、ソレル自身はテロリズムやサボタージュに賛意を示していなかったけれども、彼の感情やレトリックに適合している。チェ・ゲバラやファノンが関心を有していた貧困、苦難、不平等などの問題はソレルの道徳観の中心にはなかった。しかし、彼らは、ソレルの抱いていた革命的誇りとか、絶対的道徳的価値によって動かされた意志という理念を満足させたであろうといえるのである。

抑圧的寛容という観念、「叙事詩的」精神状態を禁ずる秩序を寛容することはそれ自体抑圧の一形態であるという信念は、彼自身の見解の反響である。あらゆる制度そして理論さえ、絶えず流動し、絶えず創造的に働く人間的実践なるもの、すなわち一種の永久革命を凍結させる形態であり、従ってそれにとって障碍となると考えるネオ・マルクス主義的弁証法は、彼にとって、たとえ彼がヘーゲル主義的ネオ・マルクス主義の陰鬱な言葉を理解したとしても、たんにアナーキーに導くものにすぎないと思われたことであろう。フランクフルト学派やルカーチ（彼は若い頃ソレルの思想の影響を受けている）の形而上学は、確かに、彼によって、アカデミックな衒学者、夢想家、山師どもの最新形態のユートピア的目的論的いんちき薬としてきっぱりとはねつけられたであろう。

イギリスでは、反自由主義的批評家――ウィンダム・ルイス（一八八二―一九五七）やT・E・ヒューム（一八八三―一九一七）が彼の思想に興味を示した。ヒュームは『暴力論』を翻訳した（一九一二年）。彼らは、ソレルの自己克己、自己規律に対する強調に共鳴したのであった。彼らと同様、彼も無秩序、放浪気質、自己制約の欠如を、放逸、頽廃の徴候として嫌悪した。しかし、あるドイツの作家が最近、豊かな社会から出た再洗礼派と名づけた人々[39]、過去の悪徳に汚されていない別の新たな社会の伝道者たちのなす反抗は、彼に訴える力を十分もっているといえるであろう。彼は、彼らの性的自由度の大いさには困惑したであろう。純潔は彼にとって最高の美徳であった。彼らのだらしない習慣、自己顕示欲、麻薬常用、無定形な生活は、彼を憤慨させたことであろう。また、彼は、彼らの現代型原始主義、貧窮と粗野さの方が厳格さと開化された生活よりも自然に近く、それ故より本物で、より純粋であるとするルソー的信念を否認したことであろう。彼はこうした考え方を誤りで愚劣であるとみなし、終生、これに攻撃を加えていた。しかし、西欧社会の現在の状態は、彼には、ヴィーコが予言した第二の野蛮時代への序曲としての社会的解体を確認するものと思われたであろう。ヴィーコによれば、この後には新しいより男性的な時代が、すなわち、人間が再び単純で、敬虔で、厳粛なものとして生きる新しい始まりが続くのである。そして、野蛮状態そのものはソレルを驚かせはしなかった。

彼は中国における文化大革命を歓迎するに十分な理由を見出したことであろう。彼はかつてこう書いた――「もし社会主義が衰亡するとすれば、それは明らかに〔プロテスタンティズムにおけるのと〕同じ仕方で、それ自身の野蛮性を恐れてのことであるだろう。(40)」これには、野蛮性を押しとどめてはならず、突き進ませるがよい、野蛮状態は結局において没落に対する矯正手段なのである、という含意がこめられているのである。これは、今日、邪悪な社会から抜け出たすべての人々によって本能的に信じられていることである。それは恰度、初期キリスト教とピューリタンとを彼らの断念の態度故に尊敬していたソレルが、労働者にもそのようにすることをあのように熱烈に期待していたのと同じである。アテネよりもスパルタ。この点だけで、ソレルと安易で寛大な人道的ジョレスとの間に架橋しえない裂け目ができた。現代のより恐ろしい爆弾テロ犯たちに訴えかけているのも、まさにこの性質なのである。

しかし、今日の革命運動との最強の唯一の絆となっているのは、意志に対するソレルの確固として動かない強調の姿勢である。彼は、どのような弁証法的ないしその他の歴史的類型とも関係のない絶対的道徳的目的というものを信じていた。それはまた、人間が自分自身で創り出した条件のなかで、これらの目的を、自由なそして思慮に富む集団意志の一致した力によって実現していく可能性に対する信念でもあった。これは、歴史的決定論の不変の予定表という感覚よりもむしろ、最近二〇年間の政治的文化的な反抗者たちの大多数の気分を表わしているものである。革命組織に加わる者、またそれから離れる者たちは、歴史の発展段階に関する――彼らがそれからとり残されることを欲しない社会変動に関する形而上学的理論によってよりも、よりしばしば、彼らがその下で生きている体制の偽善性や非人間性(あるいは逆に、彼らが幻滅して離脱する革命政党内の同様の悪徳)に対する道徳的憤激によって動かされているのである。この反応は知的というより道徳的なものであり、理性よりもむしろ意志の反応である。このような人々は、支配的な体制に対して、それが非合理的であるとか退化してしまっているとかいうよりも、むしろ不正あるいは獣的であるという理由から、反抗するのである。七〇年以上も前に(41)、エドゥアルト・ベルンシュタインは、マルクス主義は生活の目標に関して受け容れられうる見方を提供することに失敗したと確信するに至り、新カント派の普遍的価値を説いた。カール・リープクネヒトもまたそうした。彼はこれによって革命的情熱の欠如を非難されることはなかった。これは、ソレルの立場にはるかに近いものであり、彼と現代の革命的異議申し立てとを結びつけているのである。

しかしながら、もちろん、この反合理主義はある程度まで自己論駁的なものである。ソレルは、たとえ理性に対する信仰が人を誤らしめるものであるとしても、このことが見出され、確認されることができたのは、理性的方法の使用によってであり、歴史、心理、社会行動などの諸事実の合理的説明、そして知識と自己知識とによってであることを知っていた。彼は発明や技術を押しとどめることを欲しなかった。彼は機械破壊主義のラッダイトではなかった。彼は、機械を破壊することは無知、欠乏、貧困を永続させることであると知っていた。彼は、現代の反乱者たちによって提起された矯正策が幻想であるということを認めたであろう。しかし、そのことは彼にとって気にならなかったであろう。彼はどんな特別の政治的経済的政策をも提起しなかった。ナポレオン後の時期のドイツにおけるヘーゲル反対派のように、彼は愛、連帯、共同体に訴えかけた。これは、当然の帰結として、左右両翼の「議会外的」反対派に支持を与えることになった。ファノンや第三世界の闘士たちや革命的学生が治癒者でないとすれば、彼は彼らを病気そのものと認めたことであろう。これは、ゲルツェンが彼自身および彼の世代のニヒリストたちについていったことである。ソレルの生涯を通じての努力は、純粋なものを不純なものから、医者を病人から識別して確認することであり、社会の救済者となるべき英雄的少数者を、労働者であれ、急進的民族主義者であれ、ファシストであれ、ボリシェヴィキであれ、見定めることであったが、それは失敗に終わった。彼は、そのような少数者を、植民地の民衆のうちに、あるいはアメリカの黒人や、不可思議にも自分たちの社会の誤った価値に染まらないでいる学生たちのうちに見出そうと努力したであろうか？ われわれにはそれは分からない。何れにせよ、彼が語っていた危険は現実的なものであったし、今もそうである。最近の事態は、時代の病症についての彼の診断が時代遅れのものどころではないということを明らかにしているのである。

彼は、彼があんなにも烈しく否認したあらゆるタイプの人間像を、ほとんどすべて体現していた——疎外された知識人、活動家から離れ、労働者とどんな関係も結ばず、どのような活発で協同的な生産者集団のメンバーになったこともない孤立した思索家。切り出した石、磨き上げた大理石を創造のシンボルとしていた彼は、ただ言葉だけを生み出していたにすぎない。彼は家庭生活というものに絶対的に信頼を寄せていたが、二〇年の間それをもたないまま終始した。彼はただ書店で、言葉の調達人、すなわち、彼自身が常にそうであったように、労働者や芸術家の生活から切り離された談論家たちの間にあるときにのみ、気楽にくつろぐことができたのである。彼は常規を逸したところがあり、自己中心的で、アウトサイダー中のアウトサイダーであった。これは、確言していいことであるが、彼がほとんど逃れることのできなかった皮肉な運命である。

ソレルのためにはどんな記念碑も存在していない。彼の死後一〇年を経た頃、これはダニエル・アレヴィが語っていることであるが、パリ国立図書館館長のロラン・マルセルが奇妙な話を彼のところに持ち込んできた。マルセルはファシスト・イタリアの大使と会う機会があり、その時、大使は、イタリア政府はソレルの墓が荒廃状態にあるということを知ったが、そこでこの卓越した思想家のために記念碑を建立することを申し出たく思っている、とマルセルに伝えたのである。このことがあって間もなく、今度は、ソ連大使がソ連政府の意向を受けて同じ提案をもって彼に接近してきた、というわけである。アレヴィはソレルの家族と連絡をとってみることを約束した。長い時日を経てから、彼は一通の返書を受け取ったが、それには、家族としては墓のことは自分たちだけの私事であり、他の誰ともかかわりのないことであると考えている、と述べられていた。アレヴィは喜んだ。文言はあっさりとして、素気なく、決定的であった。それは、ソレル自身から発したもののようでもあった。

一致した集団行動、実際的効果をもつ接近方法の予言者であるソレルは、ただ絶対的価値、全面的独立性をのみ重んじた。彼は、彼が生きた文明社会の確立されたあらゆる制度についてのもっとも神聖な教義や立派な信条を覆してしまおうと決意した現代のディオゲネス〔犬儒派の代表〕となるべき者であった。ソレルは今日なお読まれるに値する。彼がそれについて、またそれに反対して書いた世界は、われわれ自身の世界であるといえるかもしれない。彼は、彼がそうありたいと願ったとおりに、「深刻で、恐るべき、そして崇高な」[42]人物であるにせよ、あるいは、しばしばそうであるように、片意地で、教条的で、永遠の青年の如きあらゆる道徳的激情に捉われているにせよ(そしてこの火のように激しく、完全に成人したとはいえない、狂暴なばかりの感情は、現代の若い革命家たちと彼との親近性を幾分か説明するものであるかもしれない)、彼の思想の諸観念はあらゆる方面からわれわれの方に向かってやってくる。それらは、あらゆる根本的疑問が適切な技術によって解消される技術的問題に還元されてしまうような調和的社会制度のなかで、摩擦なしの満足を味わうことを理想とする合理主義的な考え方に対する反抗を表わしているのである。今日若者たちに道徳的に不快感を与えているのは、このような閉鎖的な世界の見方なのである。そして、この感情を明確な言葉で最初に定式化した人物こそソレルであった。彼の言葉は今なお物事を覆す力をもっているのである。

原注

（1） G. D. H. Cole, *The Second International*〔*A History of Socialist Thought*, vol. 3〕, Part 1 (London, 1956), p. 387.

（2） Letter of 28 April 1903, *La critica* 25 (1927), p. 372.

（3） *Réflexions sur la violence* (Paris, 1972――以下 *R. V.* として引用), p. 80.〔今村仁司・塚原史訳『暴力論』(上)、岩波文庫、二〇〇七年、一一九頁〕

（4） ['Quibbling' 'and 'scribbling'. See Saint-Simon's 'Catéchisme politique des industriels' (1823–4) in *Œuvres de Saint-Simon & d'Enfantin* (Paris, 1865–78), vol. 37, pp. 131–2.]〔『産業者の教理問答』坂本慶一訳、『世界の名著続8巻オウエン、サン・シモン、フーリエ』中央公論社、一九七五年、三七〇頁〕

（5） *R. V.*, p. 101.〔今村・塚原訳(上)、一四九頁〕

（6） Croce, 'Osservazione intorno alla concezione materialista della storia', in: *Saggi di critica del marxismo* (Palermo, 1902), p. 44.

（7） Sorel, *Les Illusions du progrès*, 5th ed. (Paris, 1947), p. 133.〔川上源太郎訳『進歩の幻想』ダイヤモンド社、一九七四年、一〇二頁〕

（8） *R. V.*, p. 14.〔今村・塚原訳(上)、三一頁〕

（9） Sorel, *La Ruine du monde antique: conception matérialiste de l'histoire* (Paris, 1902), p.

37.

(10) *Ibid.*, p. 38.

(11) Sorel, ‘L’Éthique du socialisme’, *Revue de métaphysique et de morale* 7 (1899), p. 301.

(12) *R. V.*, p. 173.〔今村・塚原訳(上)、二四九頁〕

(13) *R. V.*, p. 168.〔今村・塚原訳(上)、二四〇頁〕
［ソレルは、この一文は経済学者ルーヨ・ブレンターノによれば、マルクスがイギリスの友人、E・S・ビーズリィに書いた手紙のうちに認められると述べている。この話は、ドイツの社会民主主義者エドゥアルト・ベルンシュタインの論文から引かれている——‘Des forces de la démocratie industrielle: Réponse a Mlle Luxemburg’, *Mouvement Socialiste* 1899 vol. 2 (July-November), 1 September, 257–71, at 270. ベルンシュタインは、ブレンターノはこれをミュンヘンの〈アルゲマイネ・ツァイトゥング〉にちょっと以前に書いていたと言っている。しかしながら、この記述に該当するブレンターノの唯一の論文——‘Der Soziale Friede und die Wandlungen der Sozialdemokratie’, *Allgemeine Zeitung*, 23 April 1899, 1–2——はこのような手紙について何も語っておらず、また手紙自体も今日まで見出されていないと思われる。］

(14) Sorel, ‘La Crise du socialisme’, *Revue politique et parlementaire* 18 (1898), p. 612.

(15) [Imperial Chemical Industries (1926–2007).]

(16) ‘Dieses Ziel, was immer es sei, ist mir gar nichts, die Bewegung alles.’ ‘Sozialdemokra-

tie und die Revolution der Gesellschaft', *Neue Zeit* 16（1897–8）no. 1, p. 556; quoted by Sorel, 'L'Éthique du socialisme', *op. cit.*（注11）, p. 296.

（17）*R. V.*, p. 110.〔「暴力によって、プロレタリアートが階級分裂を再び堅固なものとし、ブルジョワジーにその活力をいく分かでも回復させることに成功するなら、すべてが救われることも可能になるだろう。」今村・塚原訳(上)、一六二頁〕

（18）Sorel, *Matériaux d'une théorie du prolétariat*, 2nd ed.（Paris, 1921）, p. 98, note 1.

（19）マルクス主義は「言語疾患の上に打ち立てられた神話学」になる危険に直面している、と彼はクローチェに書いた——Letter to Croce of 27 December 1897, *La critica* 25（1927）, p. 52.

（20）「バクーニンははっきりとこの言葉を用いたとは思われない（これはもっと以前にコントやミルに認められる）。もっとも彼は『国家制度とアナーキー』（一八七三年）〔『バクーニン著作集6』外川継男・左近毅編、白水社、一九七三年、一九四頁〕においてこう書いている——「衒学者の奴隷となること——人類にとって何という運命であることか！」*Archives Bakounine*, ed. Arthur Lehning（Leiden, 1961–81）, vol. 3, *Étatisme et anarchie*, p. 112; Michael Bakunin, *Statism and Anarchy*, ed. and trans. Marshall Shatz（Cambridge, 1990）, p. 134.〕

（21）Sorel, *Procès de Socrate*（Paris, 1889）, p. 183.

（22）*Ibid.*, p. 158.

(23) *R. V.*, p. 184.〔今村・塚原訳(上)、二六一頁〕

(24) *R. V.*, p. 38.〔今村・塚原訳(上)、六三―六四頁〕

(25) *R. V.*, p. 149.〔今村・塚原訳(上)、二一六頁〕

(26) *R. V.*, p. 36.〔今村・塚原訳(上)、六二頁〕

(27) See, e.g., *La Terre et les morts* (*Sur quelles réalités fonder la conscience française*) (Paris, [1899]).

(28) *R. V.*, p. 330〔今村仁司・塚原史訳『暴力論』(下)、岩波文庫、二〇〇七年、一九九頁〕: 'un état d'esprit tout épique'.

(29) Sorel, *De l'église et de l'état* (Paris, 1901), pp. 54-55.――ここでソレルは、ユダヤ人問題は恐るべき武器となるべき運命にあると指摘している。

(30) Letter to Croce of 25 March 1921, *La critica* 28 (1930), p. 194.

(31) Édouard Dolléans, *Proudhon* (Paris, 1948), p. 491.

(32) これはジャン・ヴァリオとの会話のなかで語られた――Jean Variot, in: *L'Éclair*, 11 September 1922. Gaétan Pirou, *Georges Sorel* (Paris, 1927), p. 53, の引用による。

(33) J. Variot, *Propos de Georges Sorel* (Paris, 1935), p. 55.

(34) 'Divagazione: l'ora e gli orologi', *Il popolo d'Italia* no. 83 (6 April 1920), p. 7; *Opera omnia di Benito Mussolini*, ed. Edoardo e Duilio Susmel (Florence, 1951-62), vol. 14, *Dalla Marcia di Ronchi al secondo Congresso dei Fasci* (*14 settembre 1919-25 maggio 1920*), p.

398.

(35) *R. V.*, p. 144.〔今村・塚原訳(上)、二一〇頁〕

(36) ロマン派で厳しい反民主主義者であった一九世紀ロシアの一反動主義者はかつてこう述べたことがある——彼がパリの街をちょろちょろ歩き廻っているいまわしい服装のブルジョワたちのことを考えるとき、一体アレクサンダー大王が羽根飾りのついた兜をかぶってアルベラの戦い〔前三三一年〕でペルシャの軍団を打ち破ったのはこんなことのためであったろうかと自問してみた、と。ソレルもこのような意見を拒否したりはしないであろう。

(37) Sorel, *Matériaux d'une théorie du prolétariat*, *op. cit.*(注18), p. 53.

(38) Trotsky, *Terrorism i kommunizm* (St Petersburg [sc. Petrograd], 1920), p. 61; *The Defence of Terrorism* (*Terrorism and Communism*: *A Reply to Karl Kautsky* (London, 1921), p. 60.〔『テロリズムと共産主義』トロツキー選集12、根岸隆夫訳、現代思潮社、一九六二年、一〇〇頁〕

(39) [Erwin K. Scheuch, *Die Wiedertäufer der Wohlstandsgesellschaft: eine kritische Untersuchung der 'Neuen Linken' und ihrer Dogmen* (Cologne, 1968).]

(40) *R. V.*, p. 19, note 1.〔今村・塚原訳(上)、三八頁注(10)〕

(41) 〔この論文は一九七一年に執筆されている。〕

(42) *R. V.*, p. 170.〔今村・塚原訳(上)、二四三頁〕

解説

松本礼二

一

本書は、凡例に記したように、『バーリン選集』全四巻（福田歓一・河合秀和編、岩波書店、一九八三―一九九二年）に収められたアイザイア・バーリン（一九〇九―一九九七）の思想史関係の論文の中から三篇を選んで一冊としたものである。『選集』の訳文を基本的に生かしつつ、原典が含まれるヘンリー・ハーディー編の英語版『選集』第二版に基づいて、必要な補訂を施した。第一論文のタイトルは「反啓蒙主義」から「反啓蒙思想」に変更したが、原題（"The Counter-Enlightenment"）はむろん「対抗宗教改革」Counter-Reformation に倣った用語であり、したがって「反対啓蒙」あるいは「対抗啓蒙」と訳すことも可能である。ただし、Counter-Enlightenment は比較的新しい用語であり、バーリン自身、以前は同じ内容を Anti-Enlightenment と表現しており、フランス語では今でも anti-lumières が普通で、contre-lumières とはあまり言わないようである。そして、カトリック教会、特にイエズス会のような推進組織が存在し、教義やプログラムも明確な「対抗宗教改革」と違って、「対抗啓蒙」は多様な思想的源泉に発しており、その担い手や思想内容を一義的に確定することはできない。というような点も考慮して、直接に「対抗宗教改革」を連想させる訳語は避けた。

二

啓蒙の合理主義と科学信仰への批判の再検討は、バーリンの思想史関係の業績の中でも中核的な位置を占めるが、本書に収録した三つの作品はいずれもこの系列に属するものである。第一論文は『思想(観念)史辞典』(*Dictionary of the History of Ideas*, 4 vols., Scribner, 1973–1974)への寄稿として、ヴィーコのデカルト批判に始まり、ハーマンの徹底的なフランス啓蒙批判、ヘルダーの文化相対主義や歴史主義へと展開する啓蒙批判の流れを略述する。『ヴィーコとヘルダー』(小池銈訳、みすず書房、一九八一年)、『北方の博士J・G・ハーマン』(奥波一秀訳、みすず書房、一九九六年)など、それぞれの思想家についてのバーリン自身の個別研究を踏まえていることは言うまでもない。そして、啓蒙批判についてのこれらの研究は、「価値多元論」と評されるバーリン自身の哲学の形成と密接に関わる意義を有する。

バーリンは反啓蒙の思想が啓蒙それ自体と同様に古く、理論の核心部分はこの三者の仕事を通じて一八世紀中に形成されたとする。ただし、ヴィーコからヘルダーに至る合理主義批判は哲学的、認識論的なもので、直接に政治に関わるものではなく、同時代への影響も文化の次元にとどまっていた。反啓蒙思想に政治的意味合いが付され、その真価が認識されたのはフランス革命以後のことである。革命がアンシャン・レジームを打倒し、それに代えて自然と理性に基づく理想の制度を樹立しようとしたことは、啓蒙の合理主義と革命のプログラムとを不可分のものとして再考させ、啓蒙批判の政治的含意があらためてクローズアップされたのである。この文脈において、バーリンが決定的な役割をふり当てるのが、啓蒙の合理主義と科学信仰に対する批判を徹底的に政治化し、反革命の哲学、あるいは、カール・シュミット流に言うならば、反革命の「政治神学」ともいうべきものへと展開したジョセフ・ド・メストルである。

もちろん、ド・メストルは極限的な例であって、啓蒙と革命への批判にもより穏健な形態がさまざまに考えられよう。たとえば、バークとド・メストルがどこまで重なり、どこから分かれるか、バーリンは緻密な検討を加えており、ドイツ・ロマン主義の世界とド・メストルの世界がほとんど対極的であることも的確に指摘している。啓蒙の精神を継承する自由主義や急進主義の側も多様である。バーリンはフランス革命の「失敗」が啓蒙の終焉を示すとして、第一論文「反啓蒙思想」の叙述をド・メストルで結び、啓蒙の継承者とそれに対するさまざまな反対運動との相克は「歴史の次のページ」に属すると述べている。一九世紀を通じて二〇世紀に及ぶこの歴史のページを占める思想史のドラマの最後のあたりに登場するのがジョルジュ・ソレルということになろうか。

三

ド・メストルとソレルが啓蒙の合理主義批判の系列に属するとしても、二人の思想と人物に共通するところは少ない。ド・メストルは明晰なラテン精神を体現してロマン主義を嫌悪し、カトリック反動としての単純明快で確固たる人物像を示すのに対して、ソレルの政治的選択は振幅が大きく、思想史のいかなる類型にも収まり難い。前者は啓蒙の無神論に走ったフランス人に神が下した懲罰としてフランス革命の必然を認め、「徹底主義者《ジュスコープティスト》」として敵対するジャコバン派にある種の仲間意識をもったとしても、もちろん革命はこの世の最大の悪として、これと全面的に敵対した。後者はジャコバン独裁を革命への裏切りとして厳しく批判しつつ、自身、革命精神のロマン主義的継承者であった。ド・メストルは人に服従を説き、ソレルは抵抗せよと言う。ほとんど正反対である。

バーリンの二人の扱いに共通するのは、後代に残した反響への着目であり、両者の思想の予言性の認識である。表題が示すように、ド・メストル論は反革命を超える全体主義やファシズムの思想的起源を見出しており、ソレル論にも同様の関心は見出される。イスラエルの歴史家ゼフ・ステルネルの一連の研究〔Zeev Sternhell, *Ni droite ni gauche. L'idéologie fasciste en France*, Seuil, 1983, *Naissance de l'idéologie fasciste* (avec Mario Sznajder et Maia Asheri), Fayard, 1989, *La droite révolutionnaire 1885–1914, Les origines françaises du fascisme*, Gallimard, 1997〕はソレルにフランス・ファシズムの重要な知的起源を見出している。ステルネルの研究はバーリン以後になされ、特にバーリンに言及していないが、その見方はバーリンのソレル論と大筋において異なるものではない。これに対して、本書収録のバーリン論文（一九七一年のクライトン・レクチャーの講演内容が『タイムズ・リテラリー・サプルメント』〔*Times Literary Supplement*, 31 December 1971〕に掲載されたのが初出、次いでE・H・カー記念論集〔Chimen Abramsky (ed.), *Essays in Honour of E. H. Carr*, Macmillan, 1974〕に増補して収録された）はより直接に時代状況を見据えており、西欧の寛大な社会

(permissive society)における若者の反抗や対抗文化がソレルのブルジョワ文化への侮蔑と反発の現代版だ(ただし、ソレルの禁欲的モラリズムは全く受け入れられていない)という興味深い指摘を行っている。

一般に、バーリンの思想史研究は対象の選択においても視座の設定についても、彼自身の態度決定や問題意識と不可分であるが、その意味での現代的関心がこの二つの論文にはとりわけ著しい。そこにバーリン自身の生きた二〇世紀の歴史的経験が自ずと映し出されていることもまた疑いない。

だからといって、バーリンが現代の視点を過去の思想の解釈に直接もちこむアナクロニズムの誤謬をおかしているわけではない。ド・メストル論もソレル論も研究史を的確に踏まえ、同時代の他の思想家と比較しつつ、二人の思想家の特異性を浮かび上がらせており、思想史研究として十分な説得力を示している。対象をあくまで歴史の文脈において理解した上で、後代への影響、反響《レゾナンス》の広がりを論ずるところにバーリンの思想史研究の真骨頂があり、歴史的理解と現代からの再評価が見事に両立しているからこそ、読者は引きつけられるのである。

四

以上に述べたようなバーリンの思想と学問全体における位置づけや研究史上の意義がどうあれ、この二つの論文はそれ自体として読み応え十分な作品である。特に、ド・メストル論は、対象を全面的に扱って客観的総合的でありながら、バーリンならではの鋭い分析や意表を突く評言が随所に散りばめられ、数多い彼の思想史論文の中でも特筆すべき魅力を備えている。成立の由来からいえば、この作品は『ハリねずみと狐』(*The Hedgehog and the Fox, An Essay on Tolstoy's View of History*, Weidenfeld and Nicolson, 1953)に結実するトルストイ研究の副産物として、ド・メストルのトルストイへの影響を検討する中から生まれたものだが、結果的には、いささか題名倒れの印象が強く、十分な展開を見せていないトルストイ論より、質量ともにはるかに充実した著作となっている。

この作品には対象であるド・メストル自身の文章の引用が数多く、それも長々と、時にはフランス語原文さえ併せて引かれている。その点、バーリンの著作の中でも異色であり、思想史の研究論文として幾分型破りの印象さえ与える。もちろん、ここには英語圏であまり知られず、翻訳も少ないド・メストルの思想と文章に直接触れてもらいたいという読者への配慮が働いているのであろうが、それに止まらず、バーリン自身が対象に魅入られていることをも示唆している。ほぼ半分を直接の引用で埋めて、ド・メストルのロシア観を論じている部分は、とりわけその印象が強い。

もちろん、バーリンがド・メストルの論理や文章にどんなに惹かれているとしても、その主張に賛同しているわけではない。結論部でド・メストルの思考の独断性を厳しく指摘しているように、彼は対立する立場から対象を論じているのであり、基本的には敵、それも最強の敵をド・メストルに見出していると言ってよい。にもかかわらず、というより、だからこそ、ド・メストルの思想を深く内在的に理解し、思想史におけるその意義と役割を鮮やかに浮彫りしているのである。バーリンの描き出すド・メストルの肖像は、「尊敬に値する敵 an honorable enemy」という言葉では尽くせぬほどの(怪しい)魅力をもって読者を惹きつける。そして、自らの立場や価値選択を明確にした上で、敵対する思想と思想家の魅力を最大限に引き出す点にこそ、思想史家バーリンの力量が存するといえよう。バーリンの愛好するヘルダーの言葉を借りていえば、それはもっとも「感情移入 einfühlen」しにくい対象をも内側から理解する能力であり、それこそが彼のいわゆる「価値多元論」に相対主義と異なる深さと奥行きを与えているのである。

五

先に指摘したように、バーリンのド・メストル研究はトルストイ論との関連で一九五〇年代に始められ、成果の一部は『ハリねずみと狐』に取り入れられているが、完全な形で発表されたのは一九九〇年、『ニューヨーク・レヴュー・オブ・ブックス』に三度に分けて連載されたのが最初である（*The New York Review of Books*, Vol. 37, Ns. 15–17, Sep. 27, Oct. 11 & Oct. 25, 1990）。丸山眞男は雑誌『みすず』の恒例の読書アンケートに早速これをとりあげ、「バーリンの手にかかると何でも面白くなってしまうのが不思議」とコメントしている（『みすず』、一九九一年一月号、『丸山眞男集』第一六巻、二八二頁）。論文は時をおかずに出版された『人間性という歪んだ木材』（*The Crooked Timber of Humanity*, John Murray, 1990）に収録されて広く読まれ、英語圏ではあまり知られず、フランス語圏でも長く忘れられていたド・メストルへの関心を呼び覚ました。ド・メストルと反革命思想、反啓蒙思想に関連する書物の刊行が相次ぎ、『歪んだ木材』もフランス語に訳された（*Le Bois tordu de l'humanité, Romantisme, nationalisme et totalitarisme*, Albin Michel, 1992）。代表的な研究書として、Stephen Holmes, *The Anatomy of Antiliberalism* (Harvard

University Press, 1993), Antoine Compagnon, *Les Antimodernes: de Joseph de Maistre à Roland Barthes* (Gallimard, 2005) をあげることができよう。二一世紀に入って、『ブカン叢書 les Bouquins』に文献目録と関連する人名・語彙辞典を付したド・メストル集(*Joseph de Maistre, Œuvres suivies d'un Dictionnaire Joseph de Maistre*, Robert Laffont, 2007) が入るなど、フランスにおける関連文献の出版はなお続いている。

　もちろん、これらをすべてバーリンの影響に帰することはできないし、特にフランスの研究者は、面子もあってか、バーリンの著作に言及することは少なく、彼の解釈が全面的に受容されているとは言い難い。フランスの、特にカトリック系の研究者や知識人には抵抗が大きいであろう(ド・メストル研究の現況について、日本語では川上洋平『ジョゼフ・ド・メーストルの思想世界——革命・戦争・主権に対するメタポリティークの実践の軌跡』創文社、二〇一三年、を参照されたい)。先に挙げたゼフ・ステルネルは全体主義の知的起源をめぐって、バーリンの啓蒙とロマン主義解釈に異を唱える論争的な書物を書いている(Zeev Sternhell, *Les anti-Lumières: Une tradition du XVIIIe siècle à la guerre froide*, Fayard, 2010)。この本は全面的なバーリン批判として珍しく、英訳もされているが、バーリンの権威が高い英語圏の学界には大きな反響を生まなかったようである。バーリンの著作がド・メストルと反啓蒙思想の見直しを促す機縁となったのは確かだが、ド・メストル自身、またバーリンの解釈も、論争の対象であることに変わりはない。

かつて、ピーター・ゲイは、啓蒙を継承する立場からの啓蒙批判としてバーリンの先駆といえる（それゆえ、ド・メストル論にも言及されている）カール・ベッカーの『一八世紀哲学者の天の国』について、「正しいという美徳以外のあらゆる美徳 every virtue save one, the virtue of being true」を備えていると評したことがある（Peter Gay, "Carl Becker's Heavenly City," in Raymond O. Rockwood, ed. *Carl Becker's Heavenly City Revisited*, Archon Books, 1968, p. 51）。むろん、バーリンのド・メストル論を間違いと片づけるわけにはいかないが、それが思想史のありとあらゆる面白さ（と恐ろしさ）を教えてくれることは間違いない。

索　引

あ　行

アウグスティヌス　46, 87, 107
アクィナス，トマス　74, 87, 110, 116, 136
アクション・フランセーズ　155, 207
アグリッパ，コルネリウス　10
アテナイ(アテネ)　104, 222, 277
アドラー，マクス　246
アリストテレス　10, 16, 108, 110, 224
アルマーヌ，ジャン　234
アレヴィ，ダニエル　222, 241, 269, 281
アレクサンダー大王　287
アレクサンドル1世　61, 136, 144, 147, 153, 154, 197
アレクサンドル2世　147
アンチフォン　9
アンリ4世　185
イエズス会　64, 78, 95, 115, 136, 146, 196, 197
イプシランティ(イプシランディス)，アレクサンデル　188
イプセン，ヘンリック　213
『イリアード』(ホメロス)　16
イリューミニズム／イリューミニスト　62, 70, 87, 91, 116, 196
ヴァッケンローダー，ヴィルヘルム・ハインリヒ　62
ヴァリオ，ジャン　286
ヴィヴィアーニ，ルネ　242
ウィクリフ，ジョン　138
ヴィーゲリ，フィリップ・フィリポヴィチ　194
ヴィーコ，ジャンバチスタ　14–16, 18, 19, 27, 133, 134, 176, 190, 207, 216, 226, 228, 231, 232, 277
ヴィットーリオ・エマヌエレ　192
ウィリアム3世(オレンジ公)　114, 191
ウィルソン，ウッドロー　171
ウィレルモス，ジャン＝バティスト　79, 87
ウヴァロフ，セルゲイ・セミョーノヴィチ　147

ウェッブ，シドニー　246
ウェーバー，マックス　265
ヴォルテール　12, 24, 30, 32, 51, 83, 124, 150, 155–158, 177, 197, 221
ウナムノ，ミゲル・デ　92
エイヘンバウム，ボリス　193
エドリング夫人，ロクサンドラ（ストゥルザ）　188, 196
『エミール』（ルソー）　36, 46, 56
エリオット，トーマス・スターンズ　63
エリザベス1世　191
エルヴェ，ギュスターヴ　269
エルヴェシウス，クロード・アドリアン　30, 37, 47, 83, 84
エンゲルス，フリードリヒ　232, 238
オーウェル，ジョージ　136, 158
オモデオ，アドルフォ　66, 199

か　行

階級　231, 236, 240, 241, 244, 266
——闘争　232, 236, 252, 257, 260, 261, 265
労働者——　229, 230, 235, 239, 240, 243, 262, 274
カウツキー，カール　232, 246, 261
カヴール，カミッロ　67
カエサル　227
ガガーリン，イヴァン・セルゲエヴィチ　196
革命　141, 142, 261, 262, 275
カトリック　13, 75, 124, 173, 178, 196, 197
——反動　64, 73
カミュ，アルベール　260
カーライル，トーマス　40, 106, 204, 213, 218, 248
カラムジン，ニコライ・ミハイロヴィチ　146
ガリレオ・ガリレイ　43, 116
カルヴァン，ジャン　124, 138
感情移入　17, 27
カント，イマヌエル　19, 22, 36, 37, 43, 84, 159, 228, 234
ギゾー，フランソワ・ピエール・ギヨーム　173
キネ，エドガー　65
教育　46, 47, 83, 85, 103, 146
教皇　65, 74, 94, 122, 165, 199
——至上主義　73, 81, 114, 123
競争　74
ギリシャ（古代）　50, 99, 119, 186, 214, 221, 223, 226, 227, 255

キリスト教　46, 218, 226, 227, 254, 277
キルケゴール，セーレン　44
グーチ，ジョージ・ピーボディ　66
クラウス，カール　246
グラムシ，アントニオ　241
クリティアス　9
グリフュール，ヴィクトル　266
クリュデナー夫人，ジュリー・フォン　196
クリンガー，フリードリヒ・マクシミリアン・フォン　34
クレマンソー，ジョルジュ・バンジャマン　211
グロ，アントワーヌ・ジャン　61
クローチェ，ベネデット　204, 207, 208, 218, 266, 269, 273, 285
グロティウス，フーゴー　78, 113, 138
クロムウェル，オリバー　261
『群盗』(シラー)　38, 57
啓蒙(思想)　8-13, 46-47
　反——　7-57, 122
決定論　36, 232, 265
ゲーテ，ヨハン・ヴォルフガング・フォン　21, 35, 40, 61
ゲード，ジュール　246
ゲバラ，エルネスト(チェ)　275
ゲルステンベルク，ハインリヒ・ヴィルヘルム・フォン　34
ゲルツェン，アレクサンドル・イヴァーノヴィチ　208, 235, 261, 280
ゲレス，ヨゼフ・フォン　91
権威　45, 48, 52, 108, 113-114, 115, 122, 124, 138-141, 143-146, 165, 168
衒学者支配　247
言語　26, 49, 52, 86, 118, 131-136, 175, 176
原罪の否定　46
ケンピス，トマス・ア　87
憲法　93, 110, 163, 164
　アメリカ——　164
　イギリス——　119, 164, 166
　フランス——(1795年)　72, 164
孔子　167, 190
合理主義／合理性　10, 35, 44, 45, 48, 49, 62, 64, 68, 70, 81, 87, 104, 105, 122, 171, 212, 251, 273
　反——　24, 40, 279
　非——　19, 33, 44, 45, 54, 87, 116, 167, 272

個人主義　35, 36, 53, 81, 111, 122, 226
コスタ，ジョセフ・アンリ　81
『国家』(プラトン)　179
『国家制度とアナーキー』(バクーニン)　285
コベット，ウィリアム　45, 248
ゴリツィン，アレクサンドル・ニコラエヴィチ　145, 196
ゴリツィン，ミハイル・ニコラエヴィチ　196
コール，ジョージ・ダグラス・ハワード　204
コールリッジ，サミュエル・テイラー　40, 44, 45, 63, 208
コンスタン，バンジャマン　61, 67, 173
コンスタンティヌス，ガイウス・フラウィウス・ウァレリウス　124
コンディヤック，エティエンヌ・ボノ・ド　18, 37, 86, 133, 197
コント，イジドール・オーギュスト・マリー・フランソワ・グザヴィエ　175, 204, 215, 251, 258, 285
コンドルセ，マリー・ジャン・アントワーヌ・ニコラ・カリタ　12, 30, 83, 84, 89, 107, 113, 124, 135, 197, 225

さ　行

サヴォア　75, 78, 80, 140, 153
『サヴォアの王党主義者が同胞に宛てる書簡』(ド・メストル)　81
サド，マルキ・ド　35, 111
サルトル，ジャン＝ポール　260
サン・シモン，クロード・アンリ・ド・ルヴロワ　61, 70, 158, 174, 177
サン＝ジュスト，ルイ・アントワーヌ・ド　111, 270
『サン・ペテルブール夜話』(ド・メストル)　60, 82, 89, 95, 130, 156, 197
サン＝マルタン，ルイ＝クロード・ド　62, 78, 79, 87, 116, 196
サンクト・ペテルブルク　81, 137, 145, 147, 153, 154, 171, 188, 191, 194, 196
サンディカリスム／サンディカリスト　247, 257, 259, 266, 268
サンド，ジョルジュ　45
サント・ブーヴ，シャルル＝オーギュスタン　65, 66, 115,

171, 188
ジェファソン，トーマス　84
ジェームズ，ウィリアム　218, 255, 265, 266
ジェームズ2世　114
シェリー，パーシー・ビッシ　45
シェリング，フリードリヒ・ヴィルヘルム・ヨーゼフ・フォン　24, 39, 44, 62, 63, 92, 93
シオラン，エミール　181
死刑(死刑執行人)　50–51, 78, 95, 97, 101, 102
シスモンディ，ジャン・シャルル・レオナール・ド　70
自然科学　17, 24, 82, 99, 132, 216, 237
『自然の体系』(ドルバック)　35, 54
自然法　8, 12, 16, 25, 37
シチャゴフ，エリザベス　196
疾風怒濤(シュトルム・ウント・ドランク)　24, 34
ジハレフ，ステパン・ペトロヴィチ　194
『資本論』(マルクス)　232
社会主義　213, 240, 246, 270, 277
『社会主義運動』(雑誌)　230
ジャコバン派　80, 86, 98, 102, 139, 140, 153, 169, 220, 240, 245, 257, 260
シャトーブリアン，フランソワ・ルネ・ド　46, 61, 63, 71, 118, 127, 157
シャフツベリ，アントニー・アシュリー・クーパー　23
シャロン，ピエール　10
ジャンセニズム／ジャンセニスト　10, 50, 98, 125, 213, 228
自由　32, 36–38, 50, 70, 84, 85, 107, 108, 142–145, 148, 165, 179, 249
自由主義　53, 64, 69, 74, 81, 123, 144, 145, 158, 176, 200
『十二表法』　16
シュジェ　100
シュティルナー，マックス　44
シュトラウス，ダヴィッド・フリードリッヒ　170
シュトラッサー，グレゴール　248
シューバルト，クリスティアン・フリードリヒ・ダニエル　34
シュペーナー，フィリップ・ヤーコブ　26
シューマン，ロベルト・アレクサンダー　244
シュライエルマッハー，フリード

リヒ・エルンスト・ダニエル　61
シュレーゲル，アウグスト・ヴィルヘルム　92
シュレーゲル，フリードリッヒ　45, 61, 63, 92
ショウ，バーナード　246
ジョベルティ，ヴィンチェンツォ　199
ショーペンハウアー，アルトゥール　40, 44
ジョレス，オーギュスト・マリ・ジョゼフ・ジャン　234, 243, 247, 262, 267, 277
シラー，ヨーハン・クリストフ・フリードリヒ・フォン　34, 38, 39, 61
『新科学』(ヴィーコ)　14, 19
神話　16, 17, 177, 251–257, 263, 265
スアレス，フランシスコ　110
スウェッチン夫人，ソフィー・ペトローヴナ　195
スウェーデンボルク，エマヌエル　79, 134
スタール夫人，ジェルメーヌ・ド　67, 172
スタンダール　61, 65, 130, 157
スティーブン，ジェームズ　66, 161, 167
スパルタ　100, 277
スピノザ，バールーフ・デ　39, 190
スペランスキー，ミハイル・ミハイロヴィチ　136, 146
スペンサー，ハーバート　175
スミス，アダム　84
聖書　20, 23, 166, 167
セナンクール，エティエンヌ・ピヴェール・ド　61
ゼネラル・ストライキ　228, 257–259, 267
『一九八四年』(オーウェル)　136
戦争　86, 103, 129, 184, 193
『戦争と平和』(トルストイ)　130, 193, 194, 196
『戦争と平和』(プルードン)　193
全体主義　53, 54, 111, 143, 155–157, 179
ソクラテス　222
『ソクラテスの裁判』(ソレル)　206
ゾラ，エミール　267
ソレル，アルベール　205
ソレル，ジョルジュ　110, 157, 177, 203–287

た　行

ダヴィド，マリー　205, 235
ダーウィン，チャールズ　170, 204
タキトゥス　65, 92
ダヌンツィオ，ガブリエーレ　110
ダランベール，ジャン・ル・ロン　12
タルド，ガブリエル　265
チャールズ1世　153
チャールズ2世　153
デア，マルセル　248
『テアイテトス』(プラトン)　132
ディオゲネス　282
ティオラス，クロード＝フランソワ　152
ティーク，ルートヴィヒ　43, 62, 63
ディドロ，ドゥニ　30, 83, 171, 208, 221, 237
ティレル，ジョージ　255
デカルト，ルネ　11, 43, 251
デサン，J.　170
哲学者(フィロゾーフ)　26, 72, 112, 133
テーヌ，イポリット　265
デモクラシー → 民主主義
デュマ，アレクサンドル　267
デュルケム，エミール　251, 252, 256, 258, 265
テュルゴー，アンヌ・ロベール・ジャック　83, 225
デルレード，ポール　236, 248
ド・メストル，ジョセフ　46, 47, 50–52, 59–201, 248
ドゥミック，ルネ　65
ドゥルザル，ポール　266
トクヴィル，アレクシ・ド　152, 265
ドストエフスキー，フョードル・ミハイロヴィチ　143, 179, 204
ドビュッシー，クロード　244
ドラクロワ，フェルディナン・ヴィクトール・ウジェーヌ　244
トリオンフ，ロベール　67
ドリュー・ラ・ロシェル，ピエール　248
ドリュモン，エドゥアール　154, 248
トルストイ，レフ・ニコラエヴィチ　92, 130, 137, 157, 193, 194, 196, 221
トルストイ伯爵夫人，アナ・イヴァノヴナ　196
ドルバック，ポール・アンリ・テ

イリ　30, 35, 47, 83, 88, 113
ドレフュス事件　230, 233, 248, 257, 258, 262, 267
トロツキー，レフ・ダヴィードヴィチ　270, 272

な　行

ナショナリズム　29, 42, 53, 171, 236, 268
ナチ／ナチズム　248, 272
ナポレオン１世(ボナパルト)　45, 52, 61, 76, 80, 137, 139, 140, 153, 173, 191, 194, 271
ニーチェ，フリードリヒ　44, 110, 154, 177, 204, 213, 221, 222, 228, 273
ニヒリズム／ニヒリスト　158, 280
ニュートン，アイザック　38, 72, 116
ニューマン，ジョン・ヘンリー　167
ネルヴァ，マルクス・コッケイウス　185
ノヴァーリス　43, 62, 63

は　行

バイロン，ジョージ・ゴードン　42, 45, 106, 127
ハインゼ，ヴィルヘルム　35
パウロ　46, 140
バーク，エドマンド　23, 32, 33, 71, 72, 91, 93, 109, 112, 114, 118, 138, 164, 252
バクーニン，ミハイル・アレクサンドロヴィチ　208, 247, 248, 261, 285
バークリー，ジョージ　160
パスカリ，マルティネス・デ　79, 87
パスカル，ブレーズ　125
バトゥー，アベ・シャルル　41
バブーフ，フランソワ・ノエル　240
ハーマン，ヨハン・ゲオルク　19–27, 39, 44, 93, 176
ハムスン，クヌート　110
ハラー，カール・ルートヴィヒ・フォン　71
パリ・コミューン　80
『パルムの僧院』(スタンダール)　130
バレス，モーリス　88, 207, 235, 248, 249, 256, 268
パレート，ヴィルフレド　110, 177, 265, 270, 272
バンダ，ジュリアン　268
反ユダヤ主義　248, 249, 268
ビスマルク，オットー・フォン　178

ビーズリィ，エドワード・スペンサー　284
ピット，ウィリアム　38
ヒットラー，アドルフ　173
火の十字団(クロワ・ド・フウ)　236
百科全書(家)　119, 134, 219
ビュヒナー，ゲオルク　45, 127
ヒューム，デヴィッド　11, 21, 43, 47, 83, 84
ヒューム，トーマス・アーネスト　276
ピョートル大帝　47, 102, 270
ファイヒンガー，ハンス　255
ファゲ，エミール　50, 64–66, 75, 187, 197
ファシズム　53, 91, 99, 123, 144, 270, 272, 274
ファノン，フランツ　275, 279
フィヒテ，ヨハン・ゴットリープ　40, 61, 176, 213, 249, 263
フェリペ2世　125
フェルメール，ヨハネス　244
プガチョフ，エメリヤン・イヴァノヴィチ　149, 195
フス，ヤン　138
プトレマイオス，クラウディオス　161
ブラック・パンサー　275
プラトン　18, 39, 94, 132, 158, 160, 178, 215, 223, 247, 253
ブラン，アルベール　199
ブランキ，ルイ・オーギュスト　240
フランクフルト学派　276
フランケ，アウグスト・ヘルマン　26
ブーランジェ派　236
フランス，アナトール　126, 244, 267
フランス革命　32, 45, 53, 64, 68, 69, 112, 114, 138, 152, 219, 254, 255, 261
『フランスについての考察』(ド・メストル)　82
ブランデス，ゲオルク・モリス・コーエン　65, 66, 123
ブリアン，アリスティド　242, 267
フーリエ，フランソワ・マリー・シャルル　248
フリードリヒ大王　19, 24, 32, 99, 140
『古く新しいロシアについての覚書』(カラムジン)　146
ブルダルー，ルイ　87
プルードン，ピエール・ジョゼフ　193, 213, 230, 233–235, 241, 248, 249, 261, 263, 272
ブルボン家　15, 152, 169, 191

ブレイク，ウィリアム　34, 38, 134, 220
プレハーノフ，ゲオルギー・ヴァレンチノヴィチ　232, 246
ブレンターノ，ルーヨ　284
ブロア，レオン　172
フロイト，ジークムント　265
プロタゴラス　9
プロテスタンティズム／プロテスタント　10, 13, 19, 98, 124, 129, 145, 151, 196
『プロテスタンティズムについての省察』（ド・メストル）　124
フローベール，ギュスターヴ　157, 213, 263
プロレタリア革命　240, 263
文化大革命　277
ペイン，トマス　84
ペギー，シャルル　157, 233, 235, 250, 259, 263, 266, 268, 269
ヘーゲル，ゲオルク・ヴィルヘルム・フリードリヒ　40, 142, 160, 172, 174, 232, 236, 239
ベーコン，フランシス　112, 138, 187
『ベーコン哲学検証』（ド・メストル）　82
ペタン，フィリップ　80, 141
ベートーヴェン，ルートヴィヒ・ヴァン　244
ペリクレス　104
ベール，ピエール　124
ベルグソン，アンリ　24, 40, 92, 157, 196, 207, 228, 249–251, 265, 268, 269
ヘルダー，ヨハン・ゴットフリート・フォン　23, 24, 26–31, 33–35, 61, 118, 174, 176, 213, 235, 249
ペルティエ，フェルナン　235, 256, 266
ベルリオーズ，エクトル　244
ベルンシュタイン，エドゥアルト　207, 230, 243, 278, 284
ベロック，ジョゼフ・ヒレア・ピエール・ルネ　154
ベンゲル，ヨハン・アルブレヒト　26
ベンサム，ジェレミー　67, 84, 135
ボアロー，ニコラ　41
『法律』（プラトン）　179
暴力　89, 90, 99, 182, 183, 245, 260–263, 275, 285
『暴力論』（ソレル）　276
ボシュエ，ジャック・ベニーニュ　87, 110, 143
ボダン，ジャン　10

ホッブズ，トマス　113, 133, 138, 141, 158, 178, 265
ボードレール，シャルル　213
ボナルド，ルイ・ガブリエル・アンブロワーズ・ド　46, 52, 73-77, 110, 132, 143, 190
ポベドノスツェフ，コンスタンチン・ペトローヴィチ　147
ホメロス　15, 17, 221, 226, 261, 267

ま　行

マイアベア，ジャコモ　244
マキアヴェッリ，ニッコロ　141, 158, 177
マスネー，ジュール・エミール・フレデリック　244
『街と森の歌』(ユーゴー)　60
マチュリン，チャールズ・ロバート　61
マッツィーニ，ジュゼッペ　199, 255
マブリー，ガブリエル・ボノ・ド　12
マルクス，カール　157, 160, 204, 213, 216, 218, 231-233, 235, 236, 238-241, 245, 247, 260, 261, 263, 265, 270, 271
マルクス主義　207, 232, 238, 243-245, 255, 256, 278, 285
マルセル，ロラン　281
マルチアリス，マルクス・ウァレリウス　186
マルティニスト　62, 79
マレ・デュ・パン，ジャック　71
マンドゥル，J.　199
ミシュレ，ジュール　19, 157, 273
ミヘルス，ロベルト　273
ミュラー，アダム　45
ミュラー，ヨハネス　71
ミル，ジェームズ　67
ミル，ジョン・スチュアート　159, 204, 265, 285
ミルラン，アレクサンドル　242
民主主義　64, 142, 143, 200, 214, 242, 249, 256, 262, 272, 274
ムッソリーニ，ベニート　207, 269-271, 273
メーザー，ユストゥス　23, 31-33
メッテルニッヒ，クレメンス・フォン　123
メンデルスゾーン，モーゼス　83
モスカ，ガエターノ　273
モーツァルト，ヴォルフガング・

アマデウス　244
モーラス，シャルル　63, 88, 110, 173, 248, 268
モーリイ，ジョン　66
モンテスキュー，シャルル＝ルイ・ド　11, 18, 43, 72, 83, 120, 158, 166
モンテーニュ，ミシェル・ド　10
モンボド，ジェームズ・バーネット　86

や　行

ヤコービ，フリードリヒ・ハインリヒ　23, 39, 63
ヤング，エドワード　23
ユヴェナリス，デキムス・ユニウス　186
ユーゴー，ヴィクトル・マリー　42, 60, 66, 157
ユートピア　219, 223, 239, 247, 253

ら　行

ライゼヴィッツ，ヨハン・アントン　34
ライプニッツ，ゴットフリート　18
ラーヴァター，ヨハン・カスパー　21, 33
ラヴェッソン，フランソワ　92
ラガルデル，ユベール　230, 266
ラスキ，ハロルド　66
ラッセル，バートランド・アーサー・ウィリアム　18, 159
ラマルティーヌ，アルフォンス・ド　171
ラムネ，フェリシテ・ド　66, 123, 128
リヴァロル，クロード・フランソワ・ド　158
リシュリュー，アルマン・ジャン・デュ・プレシー　100
リスト，フランツ　244
リヒトハイム，ジョージ　204
リープクネヒト，カール　279
ル・プレエ，フレデリック　230
ル・ボン，ギュスターヴ　265
ルイ＝フィリップ　213
ルイ 14 世　32, 51, 125
ルイ 16 世　48, 51, 126, 140
ルイス，ウィンダム　276
ルイス，マシュー・グレゴリー　61
ルカーチ・ジェルジ　276
ルソー，ジャン・ジャック　12, 24, 25, 36, 37, 39, 43, 46, 49, 72, 83, 88, 108, 115, 120, 121, 133,

143, 157, 242, 249, 263, 276
ルター，マルティン　113, 124, 138, 213
ルナン，ジョゼフ・エルネスト　266
ルブラン，リチャード・アレン　181
レオパルディ，ジャコモ　127
歴史主義　17, 157, 174, 235, 237
レキュール，フランソワ・アドルフ・ド　170
レーニン，ウラジーミル　157, 178, 205, 207, 245, 256, 270, 271
レノルズ，ジョシュア　41
レンツ，ヤーコプ・ミヒャエル・ラインホルト　34
レンブラント・ファン・レイン　244
ロイスダール，ヤーコプ・ファン　244
労働組合集会所　262
労働者政党　240
ロシュブラーヴ，サミュエル　64
ロスミーニ＝セルバーティ，アントニオ　199
ロック，ジョン　38, 83, 110, 112, 138
ロッシ，シュヴァリエ　192
ロベスピエール，マクシミリアン　51, 128, 141, 173, 220, 270
ローマ(古代)　12, 15, 28, 50, 99, 135, 146, 172, 214, 226
ロマン主義　23, 24, 38, 40, 43, 45, 54, 62, 63, 70, 92–94, 105, 134, 154, 169, 174, 176, 212
ロレンス，デヴィッド・ハーバート　110
ロワジイ，アルフレッド・フィルマン　255

わ　行

ワグナー，リヒャルト　204, 244
ワーズワース，ウィリアム　40

反啓蒙思想《はんけいもうしそう》 他二篇　バーリン著

2021年11月12日　第1刷発行
2023年2月6日　第2刷発行

編　者　松本礼二《まつもとれいじ》

発行者　坂本政謙

発行所　株式会社　岩波書店
〒101-8002 東京都千代田区一ツ橋2-5-5

案内 03-5210-4000　営業部 03-5210-4111
文庫編集部 03-5210-4051
https://www.iwanami.co.jp/

印刷・理想社　カバー・精興社　製本・中永製本

ISBN 978-4-00-336842-8　　Printed in Japan

読書子に寄す

——岩波文庫発刊に際して——

岩波茂雄

真理は万人によって求められることを自ら欲し、芸術は万人によって愛されることを自ら望む。かつては民を愚昧ならしめるために学芸が最も狭き堂宇に閉鎖されたことがあった。今や知識と美とを特権階級の独占より奪い返すことはつねに進取的なる民衆の切実なる要求である。岩波文庫はこの要求に応じそれに励まされて生まれた。それは生命ある不朽の書を少数者の書斎と研究室とより解放して街頭にくまなく立たしめ民衆に伍せしめるであろう。近時大量生産予約出版の流行を見る。その広告宣伝の狂態はしばらくおくも、後代にのこすと誇称する全集がその編集に万全の用意をなしたるか。千古の典籍の翻訳企図に敬虔の態度を欠かざりしか。さらに分売を許さず読者を繋縛して数十冊を強うるがごとき、はたしてその揚言する学芸解放のゆえんなりや。吾人は天下の名士の声に和してこれを推挙するに躊躇するものである。このときにあたって、岩波書店は自己の責務のいよいよ重大なるを思い、従来の方針の徹底を期するため、すでに十数年以前より志して来た計画を慎重審議この際断然実行することにした。吾人は範をかのレクラム文庫にとり、古今東西にわたって文芸・哲学・社会科学・自然科学等種類のいかんを問わず、いやしくも万人の必読すべき真に古典的価値ある書をきわめて簡易なる形式において逐次刊行し、あらゆる人間に須要なる生活向上の資料、生活批判の原理を提供せんと欲する。この文庫は予約出版の方法を排したるがゆえに、読者は自己の欲する時に自己の欲する書物を各個に自由に選択することができる。携帯に便にして価格の低きを最主とするがゆえに、外観を顧みざるも内容に至っては厳選最も力を尽くし、従来の岩波出版物の特色をますます発揮せしめようとする。この計画たるや世間の一時の投機的なるものと異なり、永遠の事業として吾人は微力を傾倒し、あらゆる犠牲を忍んで今後永久に継続発展せしめ、もって文庫の使命を遺憾なく果たさしめることを期する。芸術を愛し知識を求むる士の自ら進んでこの挙に参加し、希望と忠言とを寄せられることは吾人の熱望するところである。その性質上経済的には最も困難多きこの事業にあえて当たらんとする吾人の志を諒として、その達成のため世の読書子とのうるわしき共同を期待する。

昭和二年七月